第1章 「言葉による見方・考え方」を育てる国語授業づくり 7の原則

原則1 ＊主体的な学びのために＊

何を目指すのかを
はっきりさせる

授業は山登りと一緒!?

　山登りをするときを思い浮かべてみてください。

　山頂が雲に隠れていてまったく見えない場合と，すっきりと晴れた青空にくっきりと山頂が見えている場合と，どちらが「頑張って登るぞ！」という気持ちになるでしょうか。山頂が見えている場合ではありませんか。山の頂が見えていることにより，どこを目指すのかがはっきりしますし，あとどれくらい頑張ればいいのかという見当も付きます。逆に，山頂が見えない場合だと，どこを目指して登るのかよく分からないので不安になります。

　授業もこれと同様です。

　山登りをするときの山頂に当たるのが，授業の中では**「学習課題」**となります。授業を通してどうなりたいのか，何ができるようになりたいか，分かるようになりたいかをはっきりさせることで，子どもたちは学習に向かう意欲がわき，集中して学習に取り組むことができます。

できるようになりたいことがはっきりした学習課題を

　授業の冒頭，教師は，子どもの「よく分からないから解決して分かるようになりたいこと」，「こういうことができるようになりたい」という疑問や願いをもとに，学習課題を設定します。

　このときに大切なことは，授業で行う「活動」を学習課題として示すのではなく，授業を通して子どもが「何を目指すのか」をはっきり示すことです。そうすることにより，子どもにとってこの授業で「何ができるように，分かるようになりたいのか」がはっきりし，追究する意識の焦点化と，付ける力

の確実な獲得につながるのです。

　「海のいのち」の授業を例にとってみましょう。

　父のかたきであるクエと出会った太一は，結局クエを打つことはありません。その理由は何かと子どもたちに尋ねると，「よく分からない」と答える子が多いです。そこから「太一は，なぜクエを打たなかったのかを理解しよう」ということを，授業の学習課題として設定していきます。

　授業では，自分で読み取りを行った後，みんなで話し合い，読みを深めていきます。その際「みんなで読みを深めたい」と願う先生は，「太一はなぜクエを打たなかったのか話し合おう」という学習課題を設定したくなります。

　けれども，この学習課題では，何を目指すのかがはっきりしません。子どもにとって「話し合う」ことが授業で目指すことになってしまいます。

　このように，活動そのものを学習課題にしてしまいそうなときは，授業の終末で子どもたちができるようになったことや，分かるようになったことの振り返りをするときに，何を振り返らせたいのかを考えてみるといいでしょう。

　「〜話し合おう」という学習課題にした場合は，「太一の気持ちについて話し合うことができるようになったか」という振り返りになります。読み取りの力を付けたい場合にはふさわしくない学習課題・振り返りですし，子どもたちが抱えていた疑問の解決にもなりません。一方で，「太一の気持ちを理解しよう」という課題であれば，「気持ちを理解できるようになった」かという振り返りになり，子どもたちの疑問とも対応します。

何ができるようになりたいのか，分かるようになりたいのかをはっきりさせることが，学習意欲を高め，追究する意識の焦点化と，付ける力の確実な獲得につながる。

第1章　「言葉による見方・考え方」を育てる国語授業づくり7の原則　**11**

| 原則2 | ＊主体的な学びのために＊ |

学習過程（プロセス）・見通しを示す

個人追究の前に示したい二つのこと

学習課題がはっきりしたら，次に必要なことは何でしょう。

まず一つは，**考えの見通しをはっきりさせること**です。

もう一つは，**学習過程をはっきりさせること**です。

個人追究に入る前に，私たち教師は次のように子どもたちに学習過程を示します。

「まず，一人で考えてみましょう。そうしたら，次にグループで話し合います。最後に，みんなで考えましょう」。

このように伝えて個人追究に入ることで，子どもたちは１時間の学習過程を意識し，安心して活動に取り組むことができるはずです。しかし，個人追究を始めた子どもたちの鉛筆が全然動かないということも，多いのではないでしょうか。

その原因は，どう考えたら課題を解決できるのかという，**課題解決のための考えの見通しを子どもたちが共通に持ち合わせていない**からです。

課題解決のための考えの見通しを持ち合わせていれば，その方法を使ってこの１時間の課題を解決することができます。そして，言葉の確かな力を付け，次の学習にも活かすことができるようになるのです。

考えの見通しの二つの要素

考えの見通しは，二つの要素から成り立っています。

一つは「見方」です。

二つは「考え方」です。

「見方」というのは,「どんなところに目を付けるのか」ということです。

物語の読み取りであれば,反復表現に目を付けること,運動会のかけっこの作文を書くための取材であれば,スタートラインに立ったときに聞こえてきた音などのことです。

「考え方」というのは,難しい言葉でいえば「概念的思考」ということです。反復表現を「比較」するとか,集めた言葉を観点に従って「分類」するといったことです。

個人追究に入る前に,考えの見通しをはっきりと示し,子どもたちが「こう考えていけばいいんだな」という気持ちがもてることが大切です。その後,学習過程を示し,子どもたちが授業の流れのイメージをつかんでから,個人追究に入りましょう。

「海のいのち」では

では【原則1】で取り上げた「海のいのち」。クエを打たなかった太一の気持ちを理解するための「見方・考え方」には,どんなものが考えられるでしょう。

例えば,「見方」として,「与吉じいさ」「母」の考え方が書かれている会話文や「クエの様子」が挙げられます。「考え方」としては,「与吉じいさ」「母」の考え方と太一の思いとの比較,「クエの様子」については最初の場面からの描かれ方の比較などです。

このような「見方・考え方」で追究することにより,子どもたちは太一の気持ちを理解することができるようになるとともに,登場人物の様子に目を付けて,人物相互の考え方や変化を比較するという「見方・考え方」を獲得することができるようになるのです。

学習過程を示すことで,活動の流れのイメージがもてる。「見方」と「考え方」を示すことで課題解決はスムーズになり,次に使える言葉の力の獲得につながる。

第1章 「言葉による見方・考え方」を育てる国語授業づくり7の原則

| 原則3 | ＊主体的な学びのために＊ |

個で取り組む機会を設ける

力を付けるためにはまず自分一人でじっくりと

　学習課題と見通しがはっきりしたら，いよいよ子どもたちが追究していく場面となります。このときに大切なことは，まず一人でじっくりと考える時間をとることです。

　初めて自転車に乗るときのことを例に考えてみましょう。「視線はちょっと遠く」とか「肩の力を抜いて」など，自転車乗りのコツを教えてもらいながら，何回も何回も練習して，自転車の乗り方を身に付けていきます。

　他の人が乗るのを見ているだけでは，自分で乗れるようにはなりません。また，乗り方のコツを聞いて頭で理解しても，実際に乗れるようにはなりません。自分の力で何回も練習することによって，できるようになります。

　授業で身に付ける「見方・考え方」もこれと同じです。

　ペアやグループで，友達の素晴らしい見方や考え方に触れて感心していても，自分がそれを使えるようにはなりません。授業後半の全体追究の中で出された優れた「見方・考え方」をいかに先生が意味付け広げても，それを聞いているだけでは，次からその「見方・考え方」を使えるようにはならないでしょう。

　素晴らしい意見に刺激を受け，自分の考えが確かになったり，豊かになったりしていくことはいくらでもあると思います。けれども，見方や考え方は，使っていかなければ身に付くことはありません。

　見方や考え方を使い，教材と一人でじっくり対話していくことは，その時間で示された見方や考え方を自分のものとしていくための第一歩です。

14

一人で取り組む時間を充実させるための四つのポイント

　一人で取り組む時間を充実させるため教師が行うことが四つあります。

　一つは，**活動時間の目安を示すこと**です。そうすることで，子どもたちは安心して活動に取り組むことができます。（目安とした時間で多くの子ができていなければ時間を延ばすか，もう一度全体説明をします。）

　二つは，**早く終わった子はどうするか指示を出しておくこと**です。一つ意見が書けたら二つ目を書くとか，隣の子のお手伝いをするとか決めておくことで，授業が安定します。

　三つは，**隣の子と相談してよいかいけないかの約束を決めること**です。一人で取り組む子どもの活動が停滞していたら，少しの間ペアで相談するなどの指示を出します。

　四つは，**一人で活動している間に，一人ひとりがどんなことをどの程度のレベルまで行えているのかを把握し，評価をすること**です。このことにより，次の対話的活動の方向や程度が決まってきます。

「海のいのち」では

　「海のいのち」の授業でのＡさんのノートには，「見方」として「クエの様子」，「考え方」として「クエの描かれ方に目を付けると，はじめの場面では『光る緑色の目』と書かれていて不気味な感じだけど，クライマックス場面では『ひとみは黒い真珠のよう』と宝石のように書かれている。だから，太一は実際にクエに会ってみると，とても貴いもののような気がして，クエを打てなかったのではないか」と書かれています。一方，隣の席のＢさんは「見方」として「母の会話文」と書いています。「見方・考え方」の違う子どもたちの交流・共有を通して，お互いの考えが深まっていきます。

導入で示された「見方・考え方」を使って，一人でじっくり取り組むことが，「見方・考え方」を手に入れるための土台となる。

第1章　「言葉による見方・考え方」を育てる国語授業づくり7の原則　15

| 原則4 | ＊対話的な学びのために＊ |

対話のはたらきを使い分ける

対話の五つのはたらき

　友達との対話には，大まかに言って五つのはたらきがあります。

　一つは，授業の雰囲気を和らげ，**考えを出しやすくする**というはたらきです。子どもたちの考えがなかなか浮かんでいないと感じたら「隣の人と少し話してみましょう」という指示を出すと，ワイワイとした対話の中で考えも出てきやすくなります。

　二つは，友達が分からなくて困っているようなとき，隣の席の子が教えてあげるといった，**相手への支援**というはたらきです。

　三つは，学習課題の解決の仕方がお互いによく分からなくてもやもやしている場合に，「こうやったらいいかなあ」「うーん，そうかな」「あっ，そうだ，ひらめいた！」などといった対話を重ねながら，お互いに**試行錯誤を重ねながら課題の解決を図る**というはたらきです。

　四つは，お互いに考えをもっており，それを互いに聞き合い，アドバイスをし合いながら，**考えをより深めていく**というはたらきです。

　五つは，お互いに違った見方や考え方をもっており，聞き合い，感想を出し合いながら，**見方や考え方をより広げていく**というはたらきです。

　これらのはたらきを，課題に対する子どもたちの取り組みの度合いや，授業の目的に応じて，使い分けていきます。

「見方・考え方」を育てるための対話で大切な四つのこと

　「見方・考え方」を育てるための対話として，大切なことは次の四つです。

　一つは，特に学級全体での発言を求めていくときに，「見方・考え方」ご

16

とに順番に聞いていくことです。例えば，「海のいのち」の読み取りをする
とき，「クエの様子」に着目した意見が出し尽くされたら，次に「母の会話
文」に着目した意見を求めていくというものです。

　二つは，ペアや小グループでの対話を始める前に，どんなことについて対
話をするのかをはっきり指示することです。特に作文やスピーチの相互評価
ではこれがはっきりしていないと苦手な子の課題がどんどん増えていきます。

　三つは，対話の目的をはっきり示すことです。グループで意見を一つにす
るのか，考えを聞き合い，一人ひとりの考えを広げるのか区別して示します。

　四つは，反応することです。相手の話に対して，自分の考えと比較して共
感，驚き，疑問などを行います。

「海のいのち」では

　子どもたち一人ひとりが意見をもてたら，二つの段階の対話を行います。

　一段階目は，考えを深める対話です。同じ「見方・考え方」の子同士でグ
ループをつくり，意見を出し合い，アドバイスをし合います。二段階目は，
考えを広げる対話です。これは学級全体で行います。教師は，「クエの様子
を比べる考え方の意見をもっている人？」といったように，同じ「見方・考
え方」で追究した意見ごとに子どもたちの発言を求めていきます。

　クエの様子に着目して個人追究していったＡさんは，同じ「見方・考え
方」で追究した友達と意見交換し合い，太一がクエを貴いものだと感じた叙
述には「青い宝石の目」もあることに気付きます。

　また，全体での意見交換では，母の会話文に着目したＢさんの意見から，
太一は母を悲しませたくないという思いもあったということにも気付いてい
きます。

子どもの様子やねらいに応じ対話のはたらきを使い分け，何に気を付け
て行うのか対話の前に示すことが，「見方・考え方」の確実な育ちにつ
ながる。

第1章　「言葉による見方・考え方」を育てる国語授業づくり7の原則　17

| 原則5 | ＊深い学びのために＊ |

推敲・精査する

推敲・精査する時間を取らない二つの理由

　子どもたちが自分の考えをグループやクラス全体で対話し，盛り上がった後，授業の多くはどうなっているでしょうか。そのまま挨拶をして終わってしまうことが，かなり多いのではないかと思います。それには大きく二つの原因があります。

　一つは，時間がないことです。

　じっくり考える時間をたっぷりとり，一人ひとりの考えをしっかりもたせ，対話の時間をたくさんとって多くの考えに出会わせる——そうこうしているうちにあと１分でチャイムが鳴る，という状況です。

　二つは，教師が，授業全体の成立に関心が高く，一人ひとりが得られることへの関心が低いことです。

　対話の時間に，優れた意見が出てくると，教師はそれで満足しがちです。その意見を全体に広げることで，一人ひとりがこの授業のねらいに到達したというような気持ちをもつのです。

　けれども，実際にクラスの子どもたちみんなが同じ状態に達しているかは，この段階では本当は分かりません。

推敲・精査の三つの意味

　では，なぜ推敲・精査の時間が必要になるのでしょうか。

　それには，三つの意味があります。

　一つは，**一人ひとりがこの授業のねらいに到達したかの評価をしていくた**めです。子どもが推敲・精査の時間に書いたものを見ることで，どのくらい

の程度に到達していたかを把握することができます。

　二つは，**学びの質を高めるため**です。自分でじっくり考えて，グループやクラスで対話して深まったり広がったりした考えを，改めて一人になって自覚し，まとめていくことで，確かで豊かな考えをもつことができます。

　三つは，**力を定着させるため**です。子どもたちは，個人追究の段階から使ってきた「見方・考え方」や，友達から影響を受けた「見方・考え方」をこの段階で改めて使い，自分の考えを推敲・精査します。算数の授業で，この1時間で使った考え方を授業後半の練習問題で使い，反復練習していくのと同じように，「見方・考え方」をしっかり働かせることにより定着させるのです。

　3～5分程度の時間をとり，推敲・精査をしていきましょう。その際，はじめの考えに新たに加わったものをまとめていったり，箇条書きにしていったりすると，短時間で行うことができます。

「海のいのち」では

　対話を通していろいろな友達の考えに触れたAさんのノートには，推敲・精査の時間に次のように書かれていました。

> ①クエの様子で加わったもの…青い宝石の目
> ②母の会話文「わたしはおそろしくて夜もねむれないよ」から母を悲しませたくない。母が父に続いて太一も死んでしまうと心配しているから。
> ③父の会話文「海のめぐみだからなあ」からふくしゅうのために殺してはいけない。「めぐみ」は海からいただくものという意味だから。

　自分の考えの根拠が増えたことと，新しい見方として登場人物の会話文が増えたことが分かります。

自分の考えを推敲・精査する時間をとることで，学習内容の質が上がり，「見方・考え方」の定着につながる。

第1章　「言葉による見方・考え方」を育てる国語授業づくり7の原則　**19**

| 原則6 | ＊深い学びのために＊ |

三つのポイントで振り返る

授業を振り返ることの二つの価値

　１時間の授業を振り返ることには二つの価値があります。

　一つは，**学習内容の定着**です。授業を振り返って，この１時間で学習したことはこういうことなんだと自覚することによって，授業で学んだことが子どもたちの身になっていきます。

　二つは，**主体性を高めること**です。「今日の授業で使った方法，また違うところでも使ってみたいなあ」とか，「物語を読むのって楽しいなあ，休み時間に図書館で物語を借りて読もう」など，学習への充実感は，次への意欲へとつながっていきます。

振り返りの三つのポイント

　では，授業を振り返るときのポイントは何でしょう。

　それは，基本的に次の三つです。

　一つは，**学習内容の振り返り**です。導入で設定した「学習課題」に対応する振り返りです。「太一はなぜクエを打たなかったのか理解しよう」という学習課題であれば，まずクエを打たなかった理由が理解できたかを振り返り，次に理由は何だったのかを掘り下げるということになります。

　二つは，**「見方・考え方」の振り返り**です。導入で考え方の見通しとして自分がもち，学習課題の解決のために働かせた「見方・考え方」を確認するということです。また，個人追究の際に働かせた「見方・考え方」とともに，友達との対話を経て推敲・精査の段階で働かせた「見方・考え方」も自覚します。

20

三つは**友達との学びの振り返り**です。誰のどんな意見が自分の参考になったのか，その内容や「見方・考え方」について振り返ります。この友達との学びの振り返りは，国語の力を付けるということとともに，もう一つ大事な意味があります。それは，お互いが自信をもち，クラスの仲間で学ぶことはとてもいいことだという気持ちを高めることです。

振り返りは，ペアで，１分間で

　一般的に振り返りは，５分程度の時間をとり，ノートに記述するものが多いようです。しかし，本書で提案する振り返りは，隣の子とペアをつくり，1分間のやりとりで行うものです。詳しい方法は第２章で述べますが，この方法で行うことには四つのよさがあります。

　一つは，**短い時間で振り返りをすることができる**ことです。二つは，時間が短いので，**毎時間確実に振り返りをすることができる**ということです。三つは，ペアでやりとりしながらワイワイ行うので，**授業の盛り上がりの熱を冷まさずに活動できる**ということです。四つは，ペアの相手の振り返りを聞くことで，**振り返る内容の確かさを高めることができる**ということです。

「海のいのち」では

　隣の席の子から「今日はどんなことが分かりましたか」と聞かれたAさんは，「クエを打たなかった太一の気持ちが分かりました」と答えました。「それを詳しく言ってください」と続けて聞かれたAさんは，推敲・精査の段階でまとめたことを答え，続いて「見方・考え方」の振り返りを行っていくことができました。

ペアになって，今日学んだ学習内容，今日使った「見方・考え方」，参考になった友達の意見を振り返ることが，学習内容の定着につながる。

第1章　「言葉による見方・考え方」を育てる国語授業づくり7の原則 | **21**

| 原則7 | ＊深い学びのために＊ |

活用のために呼びかけを繰り返す

「見方・考え方」は使うほど自分のものになる

　この1時間で子どもたちが働かせながら身に付けてきた「見方・考え方」，それは別の場面で使うことによって，その子のものとしてしっかりと定着していきます。

　再び自転車に乗ることを例に考えてみましょう。

　ふらふらしながらも一人で自転車に乗れるようになった状態が，授業終末の姿です。その後，いろいろな状況の道路で自転車に乗っていくことを通して，どんどん上手に乗れるようになっていきます。

　一方で，一度乗れたからといって，その後まったく乗らなければ，自転車に上手に乗れるようにはなりません。

　経験上，算数で学習した公式などの問題の解き方と比べて，国語で学習した「見方・考え方」は忘れてしまう割合が高いように思います。

　ですから，授業で使った「見方・考え方」は，ことあるごとに，どんどん活用するようにしていくことが定着のために必要となります。

活用したい気持ちになるためには

　では，子どもが「見方・考え方」を活用していくためにはどんなことが必要でしょうか。

　まず，今日の授業で学習したことへの楽しさや高い満足感をもつことです。高い山の頂上に登って満足感を得た子どもたちは，また，山に登ってみたくなるものです。

　学習課題の解決に至らなかった授業では，子どもたちは満足感を得ること

はありません。どんなに優れた「見方・考え方」を働かせて追究したとして
も，結果的によく分からなかったなあという気持ちになったら，その「見
方・考え方」を次に働かせていこうという気持ちにはなりません。

　今日の「海のいのち」の授業で，クエを打たなかった太一の気持ちがしっ
かりと理解できた，そう感じるからこそ，授業の中で働かせた「見方・考え
方」のよさを感じることにつながっていきます。

　この授業で使った「見方・考え方」が有効だったと自覚したときに，その
見方や考え方を働かせてみたくなります。自転車に少し乗れるようになった
ら，今度は友達の家まで行ってみようかなという意識になるのと同じです。

活用するには意識化が必要

　けれども，放っておいても子どもは授業で学んだ「見方・考え方」を他で
働かせるようにはなりません。具体的に意識化させることが必要です。振り
返りが終わったところで，授業で分かったことの確認とともに，「今日使っ
た『見方・考え方』はどんなところで使えますか？」と問いかけてみるのも
いいでしょう。また，時間がなければ，「こんなときにも使えますね」とい
うことを示してもいいでしょう。さらに，図書館で読書をする際などに，
「この間の国語の時間で勉強した読み方を使ってみよう」と誘ってもよいで
しょう。

「海のいのち」では

　「登場人物の様子に目を付けて比べたり，登場人物の会話文に目を付けて
その影響を考えたりすることを，明日の朝読書でやってみましょう」

　このように，ひと言伝えて授業を終えることを繰り返していきましょう。

授業への満足感をもとに，教師が具体的にどんな場面で「見方・考え
方」が働かせられるか示すこと，そして繰り返し示すことが，「見方・
考え方」の活用につながる。

第1章　「言葉による見方・考え方」を育てる国語授業づくり7の原則　**23**

第2章

7の原則に基づいた
「言葉による見方・考え方」を
育てる発問&指示

原則1　何を目指すのかをはっきりさせる

導入　　　　　　　　　主体的な学びを促す発問

「この勉強をしたら，どんないいことがあるか知ってる？」

文章を学ぶことの意義を考えさせる

　教室で物語や説明文を読む目的は，作品で描かれていることがよりよく分かるようになったり，筆者が訴えたいことがよりよく分かるようになったりするためです。

　また，もっと大きな目的として，その文章から，自分がこれから生きていくうえで必要な手掛かりを得るということがあります。

　物語を教材にした授業は，一つの単元にかける時間が少なくありません。この文章を学習することで，どのような価値を手に入れることができるのかということへの見通しをもっていることは，長い時間数を頑張っていくことにもつながります。

　特に，小学校高学年くらいになると，例えば重松清の「カレーライス」（光村・6年）を何時間もかけて学習して何になるのだろうと思う子どもも出てきます。したがって，「今日から勉強していく『カレーライス』，この勉強をしたらどんないいことがあるか知ってる？」と問いを投げかけ，生きていくうえでの手掛かり（教材を学ぶことで思春期の家族との気まずさからの解放が得られるということ）を得ることができることを示すのです。

　教科書に載っている物語作品は，それぞれの発達段階で直面する課題に即しているものが多くあります。発達段階に合わせて，作品から得られるであろう価値を単元のはじめに共有することで，追究への主体性はさらに高まります。

主体的な学びを促す発問

| 生きるうえでの価値が得られる |

| 勉強してみたくなる |

この勉強をしたら，どんないいことがあるか知ってる？　それはね……。

この物語の勉強をしたら私の悩んでいることがなくなりそうだな。

子どもの発達段階に合わせて価値を示しましょう。

| 原則1 | 何を目指すのかをはっきりさせる |

| 導入 | 主体的な学びを促す指示 |

「分からないこと，
いっぱい出して」

子どもが「分からない」と感じることが主体的な学びのもと

『この物語文の特徴は色彩表現の豊かさ，だから出てくる色と登場人物の気持ちの関係を考えさせよう』とか，『この説明文では「比較」の思考を学ばせよう』などと，私たち教師は考えます。けれども，それをそのまま子どもたちに示しても，子どもたちのやる気にはつながりません。なぜでしょうか。

それは，教師が示した問いは，子どもにとってみれば，**自分の問いではなくて教師の問いだから**です。いくら追究の価値がある問いでも，問いを発する主体が子どもでなければ，やる気いっぱいで追究するということにはつながりません。反対に，自分が分からないことを自覚したことから生まれる問いは，自分のものとなります。自分が分かりたいと感じたことに対しては，粘り強く追究する気持ちが生まれてきます。

では，分からないことの自覚を促すためにはどうしたらよいでしょう。

答えは一つ。何時間も続けて学習する物語や説明文と初めて出会う単元最初の授業で，あるいは俳句など1時間で終わる授業では俳句を読んだその後に，（この作品・文章を読んでみて）「分からないことはありますか？」と尋ねることです。そうすると子どもたちからはたくさんの「分からないこと」が出てきます。それが主体的な追究の始まりです。

物語や説明文などは，何気なく読んでいると，「分からない」ことの自覚がないままに何となく理解したような気持ちになってしまいます。

「分からない」ことをたくさん出す目を鍛えましょう。

28

主体的な学びを促す指示

原則1　何を目指すのかをはっきりさせる

| 教師の用意した問いをそのまま子どもに示す |

| 子どものやる気につながらない |

（教材文を一読した後）分からないこと，いっぱい出して。

大造じいさんはなんで残雪を撃たなかったのか分からない。

お父さんはなんでゆみ子に一輪の花をあげたのか分からない。

分からないことをたくさん自覚させましょう。

| 原則1　何を目指すのかをはっきりさせる |

| 読解 | | 主体的な学びを促す発問 |

「何が分かるようになりたい
　ですか？」

発達段階に応じて理解したいことをはっきりさせる

　物語や説明文の読み取りをするとき，まず何が分からないのかを聞きます。
「こんなことが分からない」といったことが出されたら，次に，子どもたち
に何が分かるようになりたいのか聞きます。

　国語の活動には，大きく二通りあります。一つは作文やスピーチなど，表
現できることを目的とする活動です。もう一つは，物語や説明文の読み取り
のように理解できることを目的とする活動です。したがって，読み取りの場
合は，何が分かるようになりたいのかをはっきりさせることが必要になりま
す。

　国語の授業では，どの学年でも同じことをゴールとしてしまいがちですが，
学習指導要領に基づくと，分かるようになりたいことは発達段階によって少
しずつ異なります。

　低学年の物語の読み取りでは「場面の様子や行動」，中学年では「登場人
物の性格や気持ちの変化」，高学年では「登場人物同士の関係や優れた表現」
に関係したことが分かるようになりたいこととして適切です。

　同様に，低学年の説明文の読み取りでは「時間や出来事の順序」，中学年
のでは「考えと理由・事例との関係」，高学年では「事実と感想，意見との
関係，要旨」に関係したことが分かるようになるべきでしょう。

　学習指導要領の指導事項に照らして，何を分からせたいのかをはっきりさ
せておきましょう。

主体的な学びを促す発問

何が分かるようになりたいですか？

お手紙を待っている「がまくん」はどんな顔をしていたか知りたい。

豆太って，結局どんな性格だったのか知りたい。

発達段階に応じた問いを大切にしましょう。

原則1　何を目指すのかをはっきりさせる

スピーチ・作文の導入	主体的な学びを促す発問

「相手にどう思って
ほしいですか？」

伝えることは相手がいるからこそ

　スピーチをしたり，文章を書いたりする活動を行うとき，子どもの主体性を引き出すために最も大切なことは何でしょうか。

　それは，表現する相手の存在を意識することです。自分の表現したものを読んでくれる人，聞いてくれる人がいるからこそ，「伝えたい！」という気持ちになります。一つ下の学年，参観日に来られる保護者の方など，伝える相手をまずしっかりと定めることが必要です。

　そして，相手が定まったら，表現することにより相手にどのような状態になってほしいかを決めます。例えば，キャンプに行くときに大切なことを一つ下の学年に聞いてもらって，来年はよりスムーズなキャンプにしてほしいとか，キャンプに行っていない保護者にキャンプの思い出を語り，一緒に行ったような楽しさを感じてほしいといったものです。このとき注意したいのは，「伝えよう」といった活動レベルを目的にするのではなく，「〜になってもらおう」という相手の状態レベルを目的にすることです。そうすることで，目的が焦点化します。

　どんな相手にどうなってほしいのかがはっきりと定まることにより，子どもたちが表現する目的が明確になります。

　その後，どんな機会に，どんな場所で，どのくらいの分量を，どんな方法で発表するのかを具体的にすると，子どもは活動の見通しがもてるので，さらに主体的な追究へとつながります。

主体的な学びを促す発問

原則1　何を目指すのかをはっきりさせる

| 表現したいことが生まれたら |

| 伝える相手を具体的に |

| 伝える目的を具体的に |

相手にどう思ってほしいですか？

自分もキャンプに行ったみたいな気持ちになってもらいたいな。

相手・目的はできる限り具体的に設定しましょう。

原則1　何を目指すのかをはっきりさせる

スピーチ・作文の導入　　　　　主体的な学びを促す指示

「先生のスピーチ，ちょっと聞いてみて」

できるようになった姿にあこがれる

　中学生の場合，例えば部活動などで教師があまりにも素晴らしい姿を手本として示すと，「あんなふうにできない」と気持ちが離れていくことがありますが，小学生の場合は，教師の手本にあこがれ，自分の成功を想像します。

　あんなふうにできるようになりたいなあという気持ちをもち，主体的に活動に取り組みます。

　そこで，スピーチや作文の相手や目的などが設定された後に，教師がモデルのスピーチを行ったり，作文を読んだりしてみせます。今後の活動を頑張っていくことによって，こんなに素敵で，楽しく，分かりやすい表現ができるということを示すのです。

　このとき気を付けなければいけないのは，あまりにも素晴らしすぎるものを示さないことです。「こんなに長いスピーチは無理」とか「こんな言葉は知らない」といった印象を子どもに与えないように，学習によって習得していけばできるものを示します。

　なお，こうすることで，子どものゴールを共通化することもできます。スピーチや作文をつくっていく場合，例示がないとどの程度のものを目指すのか子どもの意識はバラバラですが，モデルを示すことにより，目指す姿が揃います。この学習でどの程度の表現ができるようなることが求められるかが，共通認識されるのです。

主体的な学びを促す指示

原則1　何を目指すのかをはっきりさせる

> よいモデルに触れる

> 自分もやってみたくなる

「先生のスピーチ，ちょっと聞いてみて。」

「わあ，先生のスピーチ，ステキだな。私もやってみたい！」

「頑張ればできそうだ」と思うレベルを示しましょう。

原則1　何を目指すのかをはっきりさせる

スピーチ・作文の導入　　　　主体的な学びを促す発問

「学校生活の中で，問題に感じていることはありますか？」

まず問題意識を高める

　作文など文章を書く学習やスピーチの学習に入る際，「今日から勉強するのは，もっと学校生活をよくするための提案をするスピーチづくりです」と一方的に伝えても子どもにとっては自分事として感じられません。

　「何で学校生活をよくしていくためのスピーチをつくらなくちゃいけないの？」という疑問をもちながら活動していく受け身な意識からは，主体的に追究しようという気持ちは生まれにくいでしょう。

　したがって，まず，単元の学習内容に合わせて，「最近の学校生活の様子で問題に感じていることはありますか」などと，問題意識を掘り起こすことが必要になってきます。

　そのうえで，例えば「廊下を走る人が多い」という問題が出たなら，「ではどうやって解決していけばいいでしょう」といった問いにつなげることで，校内放送で廊下を走ることの危険性を訴えたスピーチをつくるとか，ポスターをつくるといった，スピーチや文章を書くことの活動に自然に入っていくのです。

　キャンプに行ったことを伝えるといった，もともと伝える内容があって誰かに伝えたくてたまらないところから始まる学習もありますが，伝えたい気持ちになるまでに問題点の掘り起こしなどから丁寧に始めることが必要な学習もあります。スタートを慎重に行うほど，その後の活動への主体性は増します。

主体的な学びを促す発問

原則1 何を目指すのかをはっきりさせる

| まず，現状の問題点を意識する |

| 何とかしなくっちゃと思う |

学校生活の中で，問題に感じていることはありますか？

最近，廊下を走る人が増えて，とても危ないです。

問題意識は表現への必要感につながっていきます。

原則2　学習過程・見通しを示す

思考の手掛かり	見方・考え方を育てる発問

「何に目を付けたらできそう？」

育てたい見方	課題解決のための目の付けどころを自分で見付ける

何に目を付けるか，自分の力でちょっと考えてみる習慣を

　学習課題が定まった後，教師が綿密な教材研究をしてあればあるほど，「では，繰り返しの表現に目を付けてみましょう」などと，この授業で身に付けたい「見方」をすぐに子どもたちに示したくなります。けれども，その前に「何に目を付けたらできそう？」と子どもに投げかけることが必要です。

　理由の一つ目は，「**既習事項**」の活用力が高まるからです。例えば，反復表現に目を付けるという学習活動は，低学年の頃から行っていることです。「今日の授業で勉強する物語にも，繰り返しの表現が使われているぞ。前に勉強した物語で，ここに目を付ければ読み取りができたから，今日も繰り返しの表現に目を付ければよさそうだ」といったように，これまで学んだ見方を思い起こしていくことが，今後，新たな課題と向き合ったときに，課題に応じ既習のことを活用し解決していく力を伸ばしていくこととなります。

　理由の二つ目は，これから学ぶ**見方への興味・関心が高まる**からです。子どもはいったん自分なりにどんな見方ができるか考え，よく分からないという状態の後に設定した見方に対しては，「なるほど，そういうところに目を付けるんだ。面白そうだな。やってみよう」という気持ちになります。その結果として，しっかり課題解決ができたときには，この授業で使った「見方」への高い価値を感じることにもつながっていきます。

　少しでいいので何に目を付けるのか考える時間をとる習慣をつけましょう。

38

見方が育つ発問

原則2　学習過程・見通しを示す

学習課題が決まったら

何に目を付けたらできそう？

| 既習事項を活用する力の高まり | これから学ぶ「見方」への興味・関心の高まり |

少しでいいので「見方」を思い起こす時間をとりましょう。

原則2 学習過程・見通しを示す

思考の手掛かり　　　　　見方・考え方を育てる発問

「どう考えたらできそう？」

育てたい考え方　課題解決のための考え方を自分で見付ける習慣を付ける

二つのレベルから考える力を鍛える

　「どう考えたらできそう」か，子どもたちが自分に問いかけてみることで，次の二つのレベルから考える力を鍛えることができます。

　一つは，「既習事項を使う」ということです。

　例えば，物語の読み取りを行う授業の場合です。以前の物語の読み取りの授業で，登場人物の対人物に対する呼び方を比較して読み取りを行ったことを思い出した子が，「対人物に対する呼び方を比べてみればできそう」と考えることです。

　二つは，「既習事項を他の事柄に活かす」ということです。

　例えば，物語の読み取りで，呼び方を「比べる」という考え方を使ったことがあった子が，スピーチづくりの授業で「手本となるスピーチの組立てと自分のスピーチの組立てを比べて直せば，手本となるスピーチの組立てに近づけられそう」という考えをもてたなら，その子は物語で学んだ「比較」の思考を「スピーチ」の学習に活かしているということがいえます。

　いずれの場合でも，子どもたちが課題を解決する方法を自分の頭の中から引っ張り出していることに他なりません。実生活では，課題の解決のほとんどは自分で考えていくことになることからも有効性は明らかです。

　また，このときには考え方が分からない場合でも，次の考え方を示す段階への必要感がぐっと高まります。

考える力が育つ発問

目の付けどころが決まったら

どう考えたらできそう？

既習事項を使う力を鍛える	既習事項を他の事柄に活かす力を鍛える

まず，自分の頭の中から考え方を引っ張り出す習慣を。

原則2　学習過程・見通しを示す

| 思考の手掛かり | 見方・考え方を育てる指示 |

「言葉の意味から考えてみよう」

| 育てたい見方 | 読み取りたい言葉の意味に着目する |
| 育てたい考え方 | 言葉の意味を当てはめる |

言葉の意味をもとにすることで客観的な理由付けができる

　物語の読み取りに「もし〜だったら」と考える方法があります。「もし……」を使って考えると，対象となる言葉のイメージが浮かび上がってきますが，それは読み手であるその子にとってだけのイメージという場合も多くあります。

　そういった状況を避け，物語で使われている言葉の意味を正確に捉えて読み取るために，言葉の意味をもとにして理由付けする方法があります。

　「わらぐつの中の神様」で「雪がしんしんとふっている」のはどんな様子かと考えたときの読み取り「もし『しんしんと』を『ぱらぱらと』に変えると，雪が少し降っている感じがするけれど，『しんしんと』だと，雪が静かにずっと降っている感じがする」に，辞書を引かせて言葉の意味からの読みを加えます。「しんしん」の意味は，「ひっそりと静まり返っているさま」とあります。「もし……」で考えた「静かにずっと」よりも「ひっそりと静まり返っている」と書かれているので，さらに静かな様子であることが分かります。

　子どもたちが意見をつくっていく場合は，「もし……」の読みに付け足す形でもよいですし，もっと短く，「『○○』の意味は……なので『〜』は□□という様子だ」という形で意見をつくっていくこともよいでしょう。

　ただし，辞書に書かれている意味にとらわれすぎない必要もあります。辞書に書かれている意味を文章に合わせることが大切です。

42

見方・考え方が育つ指示

言葉の意味から考えてみよう。

考え方
「〇〇」の意味は…なので
「〜」は□□という様子だ」

「しんしんと」の意味は,「ひっそりと静まり返っている」なので,「雪がしんしんとふっている」は,雪がとても静かにふっている様子だ。

辞書の意味をそのまま使わず,本文に合わせましょう。

原則2　学習過程・見通しを示す

| 思考の手掛かり | 見方・考え方を育てる指示 |

「『繰り返し』に
目を付けてみよう」

| 育てたい見方 | 反復表現に着目する |

反復表現への着目で変化を確実に捉える

　比べることで，読み取りは確かなものになります。

　では，何と何を比べればいいのでしょうか。場面や気持ちの変化を確実に捉えるためには，「反復表現」を比べることが効果的です。

　反復表現には，作中に繰り返し出てくる言葉と，観点は同じでも表現は異なるものの２種類があります。

　まず，作中に繰り返し出てくる言葉についてです。「くじらぐも」に「天までとどけ，１，２，３」という会話文があります。作品には３回登場しますが，３回目で子どもたちはくじらぐもの上に乗ることができます。この３回の「天までとどけ，１，２，３」を，どのように変化を付けて音読したらいいのか理由付けして考えていくことで，場面の様子の読み取りが進みます。この場合は，反復表現が同じ言葉で書かれているからこそ，その周辺の言葉の読み取りを行うことができます。

　次に，同じ観点で表現は異なる反復表現への着目です。例えば，「ごんぎつね」で，ごんが兵十へのつぐないのために持っていった物という観点でみると，「ぬすんだいわし」や「山で採ったくりや松たけ」を取り出すことができます。これらの違いを比較することで，つぐないの気持ちの深まりを読み取ることができます。

44

> **見方が育つ指示**

原則2　学習過程・見通しを示す

「繰り返し」に目を付けてみよう。

「ごん」がつぐないのために兵十に持っていった物に目を付けると……。

はじめは「ぬすんだいわし」だけど，その後「くりや松たけ」になっているなあ。

二つを比べてみると……。

「反復表現」への着目と「比較」思考は
物語読解の黄金アイテムです。

原則2　学習過程・見通しを示す

個人追究　　　　　　見方・考え方を育てる指示

「今日の見通しを使って，
一つ考えをつくってみよう」

この指示の意図　この授業で身に付けたい見方・考え方のモデルをつかむ

全員で一つやってみることで「見方・考え方」のイメージをつかむ

　「繰り返しの表現に目を付けて取り出し，その違いを比べよう」といった
「見方・考え方」を働かせ，学習課題の解決を目指して個人追究に取りかか
ったとしても，びっくりするほど鉛筆が動かないことがあります。特に，こ
の授業で初めて使う「見方・考え方」の場合，この傾向は顕著になります。
理由は，「見方・考え方」が子どもたちにとって漠然として，どこに目を付
けてどう考えるかの具体的な活動イメージがわからないからです。

　個人追究に入る前に，どこに目を付けてどう考えるかの具体的な方法を理
解させることが肝心です。そのための一つの方法が，「今日の見通しを使っ
て，みんなで一つ考えをつくってみる」ということです。

　「大造じいさんとガン」で大造じいさんの残雪に対する気持ちの変化を考
える授業を例に挙げましょう。残雪に逃げられた大造じいさんの言葉に目を
付けると，一場面では「ううむ！」と感嘆の声をもらしていますが，二場面
では「ううん」とうなってしまっているところが取り出されます。それらを
比較すると，一場面に比べ二場面のほうが気持ちに余裕がなくなり，悔しい
気持ちがわいていることが理解できます。

　このように，目を付けるところを決めて，叙述を取り出し比較するといっ
た，この授業で使っていきたい「見方・考え方」をみんなで働かせてみるこ
とにより，活動の具体的なイメージがわくのです。

46

見方・考え方を育てる指示

個人追究に入る前に……

今日の見通しを使って，一つ考えをつくってみよう。

まず，残雪に逃げられた大造じいさんの会話文を取り出しましょう。

一場面では「ううむ！」
二場面では「ううん」

**見方・考え方の具体的なイメージを
みんなにもたせて個人追究に。**

原則2　学習過程・見通しを示す

原則2　学習過程・見通しを示す

| 個人追究 | 見方・考え方を育てる指示 |

「考えたことを型に沿って
書き入れていこう」

| この指示の意図 | この授業で身に付けたい見方・考え方のモデルをつかむ |

アウトラインに沿うことで思考の流れをつかむ

　物語文の読み取りなどでありがちなのが，自分の考えはあっても，どんな組立てで話したらいいか分からないために口ごもってしまうことです。また，お互いに一生懸命自分の意見を言い合っているのだけれども，発言の組立てが人によって違うため，互いの考えがなかなか理解できないということもあります。

　このような状況に陥らず，自分の考えを円滑に組み立て，また，お互いの考えている内容をしっかりと理解し合うために，考えたことを型に沿って書き入れていくことは効果的です。さらに，この授業で身に付けさせたい「見方・考え方」を働かせ，確実に身に付けていくためにも有効です。特に，国語の学習に苦手意識をもっている子にとって，型を示すことは，穴埋めのような形で自分の考えをつくっていくことができるので楽に取り組むことができます。また，意見は長く書けるけれども，論理性に課題のある子に論理的思考を身に付けさせるためにも有効です。

　学年に応じ，例えば，「つぐないをするごんの気持ちはどうだったか」という問いに対して，「○○に目を付けると，はじめのつぐないのときは……，次のつぐないのときは……，と書かれている。その二つを比べると～なので，……という気持ちだった」といった型を示し，空欄に言葉を入れるように指示します。こうすることにより，個人追究の際，どんどん考えていけるようになるのです。

48

見方・考え方を育てる指示

めあて
つぐないをするごんの気持ちはどうだっただろうか。

みとおし
つぐないに使ったものに目を付けて比べよう。

考えたことを型に沿って書き入れていこう。

○○に目を付けると、はじめのつぐないのときは……、次のつぐないのときは……、と書かれている。
その二つを比べると〜なので、……という気持ちだった。

空いているところに言葉を入れるだけだから，簡単そうだな。

思考の流れを示すと子どもはぐっと考えやすくなります。

原則2　学習過程・見通しを示す

構造を捉える　　　　　　　　　　見方を育てる指示

「三つの設定を取り出そう」

育てたい見方　時・場所・人物に着目する

設定を捉えることで物語の土台に立つ

　物語を読むときにストーリーを追いかけていくことは，とても楽しいものです。登場人物の活躍にわくわくどきどきします。

　しかし，ストーリーを追いかける読み方だけだと，いつ，どこに登場人物がいるのか，そしてどのくらいの期間のことを描いた物語なのかなどといった，物語の土台の理解に欠けてしまうことがあります。

　そこで，物語を扱うときには，初めの感想を書いた次の時間で「時・場所・人物」の「三つの設定」を取り出す活動を行い，そのうえで本格的な読み取りに入っていく必要があります。

　あらかじめ場面が区切られている物語の場合は，まず場面の始まりの「時・場所・登場人物」を取り出します。さらに，場面内の展開をより詳しくみたい場合は，場面内で変化していく「時・場所・登場人物」を取り出していきます。

　また，物語の場面を区切っていきたい場合にも，三つの設定を活用することができます。場面が変化するところは，たいてい時や場所が変化しているからです。そこで，時や場所が変化しているところを見付けるように指示し，場面の区切りを付けていきます。場面の変化は，時や場所の変化に目を付けると見つかることを示してから「一場面と二場面の区切りはどこでしょう」などと発問するとよいでしょう。すると，子どもたちは時や場が書かれている表現を注意深く見付け，また三つの設定に関する意識も高まっていきます。

50

見方が育つ指示

「三つの設定」を取り出そう。

「時」は「ある秋」と書いてあるから秋です。

付け足しで「2,3日雨が降り続いたその間」とあるので,「秋の雨が降っていたとき」です。

「場所」は「穴」です。

「人物」は「ごん」です。

設定をつかむことで,クラスみんなの読みの土台をそろえることができます。

原則2　学習過程・見通しを示す

構造を捉える「白いぼうし」　　　　　　　見方・考え方を育てる指示

「共通していることを見付けて，松井さんの性格を読み取ろう」

育てたい見方　共通していることを見付ける
育てたい考え方　帰納的に考える

共通点をまとめると，一つの傾向が見えてくる

　「白いぼうし」の松井さんの性格を考える活動では，文章の中から複数の事柄を取り出して，それらに共通していることをまとめるといった，帰納的な考え方を行うことができます。

　教科書から松井さんの行動を見付けると，大まかに言って次のようなことが取り出されます。

- ・道路に落ちていた白いぼうしが，車にひかれないように，どけようとしたこと。
- ・白いぼうしから飛び出してしまったもんしろちょうの代わりに，いなかのお母さんからもらった夏みかんをぼうしに入れたこと。
- ・おかっぱの女の子に頼まれて，急いでタクシーを発車させたこと。

　これらのことに共通していることはどんなことか，考えていきます。上の二つは白いぼうしの持ち主に対する優しさ，一番下は女の子に対する優しさが感じられます。子どもたちからは，「いろいろな人に優しくしているので，松井さんは思いやりのある性格」とか「優しい性格」といった発言が出されるでしょう。

　このように，複数の事柄の共通点を見付け，結論付けられた意見は，一つの事柄から考えたものより，信頼性の高いものになります。また，優しい性格と結論付けたうえで，他にも優しい性格の表れている行動や会話は何か問うことで，さらに深く読み取りを進めることができます。

52

見方・考え方が育つ指示

共通していることを見付けて，松井さんの性格を読み取ろう。

ぼうしが車にひかれないように……。

もんしろちょうの代わりに夏みかんを……。

おかっぱの女の子にたのまれて……。

共通しているのは，「人に対する優しさ」だなあ。

複数の根拠から結論付けることで
意見の信頼性は高まります。

原則2　学習過程・見通しを示す

構造を捉える「大造じいさんとガン」　　　　見方・考え方を育てる指示

「場面の様子や風景から人物の気持ちを見付けよう」

| 育てたい見方 | 情景描写に目を付ける |
| 育てたい考え方 | 情景描写と心情を重ね合わせる |

場面の様子・風景は登場人物の目線から描かれている

　物語で登場人物の気持ちを読み取る場合，気持ちが直接書かれた表現や，行動や会話文などをもとに考えていくことが多いのですが，登場人物から見た場面の様子や風景，つまり情景描写からも，気持ちを読み取ることができます。例えば「すみきった青空が広がっていた」という表現からはさわやかな気持ちが伝わってきますし，「どんよりと雨雲に覆われていた」という表現からは憂鬱な気持ちが伝わってきます。

　「大造じいさんとガン」には情景描写がいくつか登場します。一場面では「秋の日が美しくかがやいていました」，二場面では「あかつきの光が，小屋の中に，すがすがしく流れこんできました」，三場面では「青くすんだ空」「東の空が真っ赤に燃えて」，四場面では「らんまんとさいたすもものの花」などと書かれています。

　それぞれの場面での大造じいさんの気持ちの読み取りを大まかに行った後に，一場面を取り上げ，「行動や会話文以外にも大造じいさんの自信にあふれる気持ちが分かる表現があります。それを見付けましょう」と子どもに指示し，「秋の日が美しくかがやいていました」の情景描写を見付けていきます。そこで，情景描写の定義付けを行えば，二場面以降からも情景描写を見付け，大造じいさんの気持ちと関係付けていくことができるようになります。

　その後，情景描写を日記や作文で活用することを促してもよいでしょう。

見方・考え方が育つ指示

場面の様子や風景から人物の気持ちを見付けよう。

一場面でぬま地に行く大造じいさんは自信たっぷりだったから……。

「秋の日が美しくかがやいていました」から上機嫌だったことが分かるな。

情景描写の把握は一層の心情理解につながります。

原則2　学習過程・見通しを示す

原則2　学習過程・見通しを示す

構造を捉える「わらぐつの中の神様」　　見方・考え方を育てる指示

「『大造じいさんとガン』と比べてみよう」

育てたい見方	観点をもち複数の作品を読む
育てたい考え方	比較して作品の特徴をつかむ

比べることで物語の個性が現れる

　物語の印象はどこからもたらされるのか考えていく際，観点を決めて別の物語と比べることが効果的です。例えば，「わらぐつの中の神様」からは全体として，とても優しく，温かく，静かな感じが伝わってきます。そのわけを「大造じいさんとガン」との比較により考えていきます。比べるためには観点が必要になるので，観点を決め，それに沿って比べていくのです。

　授業は「大造じいさんとガン」を扱った単元を既に終え，「わらぐつの中の神様」の読み取りが終わった後に行います。まず「わらぐつの中の神様」の全体的な印象を子どもたちに問います。「優しい感じ」といったことが出されたら，次にどこからそれを感じるのかを問いましょう。ストーリーではなく，表現の工夫から考えさせるのがポイントです。この問いには，子どもはなかなか答えにくいです。そこで，既に学んだ「大造じいさんとガン」と比べることにより，どこから自分の印象が生まれたのかを考えていくのです。そこで，比べるためには観点が必要であることを示し，観点を出し合います。オノマトペ，一文の長さ，漢語と和語，色彩表現などの観点により，言葉を取り出して比べましょう。すると，「『わらぐつの中の神様』は『こっくりこっくり』のような平仮名のオノマトペが多くてやわらかい感じだけど，『大造じいさんとガン』のほうは『グワァ，グワァ』のようなカタカナのオノマトペが多くて硬い感じがする」といった意見が出されてきます。

見方・考え方が育つ指示

『大造じいさんとガン』と比べてみよう。

オノマトペを観点にしてみると……。

「わらぐつの中の神様」は平仮名が多くてやわらかい感じがする。

「大造じいさんとガン」は片仮名のオノマトペが多くて硬い感じだな。

原則2　学習過程・見通しを示す

比べることで個性が際立ってきます。

原則2　学習過程・見通しを示す

構造を捉える　　　　　見方・考え方を育てる指示

「役割に沿ってはじめ・中・終わりを分けよう」

育てたい見方　段落の役割に目を付ける
育てたい考え方　役割に合わせて段落を分ける

役割に合わせることが段落分けの決め手

　説明文の学習の際，はじめ・中・終わりに分けるという活動は，どの教材でもほぼ必ず行われるものです。その際，それぞれの範囲がどこからどこまでかを検討していく中で，区切ったところが子どもによってバラバラになり収拾がつかなくなるということが起こりがちです。

　なぜそのようなことが起きてしまうのでしょうか。それは，子どもによってはじめ・中・終わりに分ける基準が異なってしまっているからです。

　したがって，正確にはじめ・中・終わりを分けるためには，それぞれの役割が共通認識されていることが必要になります。

　はじめ・中・終わりの役割の基準は，おおよそ次の通りです。

・はじめ……話題提示，疑問の投げかけ，最初の結論
・　中　……詳しい説明
・終わり……結論，疑問の答え，結論と筆者の思い

　授業では，導入でそれぞれの役割を簡単な例を示しながらおさえます。

　そのうえで，本文全体を読みながら，三つに分けるよう指示をします。その際，なぜそのように分けるかという理由付けを，三つの役割に沿うようにして考えていきます。中と終わりは，話題になっていることについて詳しく書いているかまとめているかの判断をしていくと，分けやすいです。

58

見方・考え方が育つ指示

役割に沿ってはじめ・中・終わりを分けよう。

役割
・はじめ…話題提示
　　　　　疑問のなげかけ
・中…最初の結論
　　　詳しい説明
・終わり…結論
　　　　　疑問の答え
　　　　　結論と筆者の思い

「どんないいことがあるだろう」と疑問を投げかけ，その後「実験してみよう」と詳しい話になっているから，中は7段落からだな。

よりどころがあることで考えやすくなります。

原則2　学習過程・見通しを示す

構造を捉える「どうぶつの赤ちゃん」 ｜ 見方・考え方を育てる指示

「目の付けどころを決めて 強さ比べをしよう」

育てたい見方　比べるための観点をもつ
育てたい考え方　観点に合わせて比べる

観点を決めて比べることのよさを体験する

　小学校低学年で身に付けたい考え方の中心は，比較です。比較することにより，大小など順序立てることにもつながっていきます。また，比較するためには観点が必要になります。例えば，長さと重さを比べても比較になりません。

　このような，観点を決めて比較する力を伸ばすことに適した教材が，「どうぶつの赤ちゃん」（光村1年）です。この教材は，ライオンの赤ちゃんとしまうまの赤ちゃんの特徴を，大きさ，歩行，食べ物などの観点に沿って説明しています。授業では，教材を一読した後，「ライオンの赤ちゃんとしまうまの赤ちゃんでは，どっちが強い感じがしましたか」と聞きます。子どもたちからは「しまうま」という答えが返ってきます。続けて，「それはどうしてですか」と尋ねます。すると，子どもたちの多くはなかなか答えることができません。そこで，「目の付けどころを決めて強さ比べをしよう」と投げかけるのです。

　この後大切になるのは，観点と比べた結果を子どもたちにできるだけ分かりやすく示すことです。次ページのような関係の視覚化も子どもたちの理解を助けます。どうして強いといえるのかを，観点ごと，「大きさに目を付けるとライオンの赤ちゃんは子ねこぐらいの大きさだけど，しまうまの赤ちゃんはやぎぐらいの大きさで，ねこよりやぎのほうが大きいから，しまうまのほうが強い」のようにまとめていきましょう。

60

見方・考え方が育つ指示

目の付けどころを決めて強さ比べをしよう。

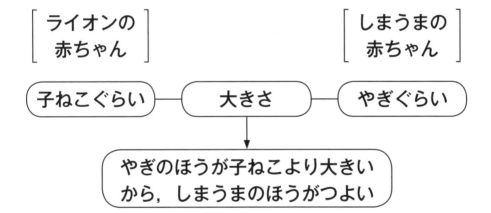

比べた結果は分かりやすく見えるようにしましょう。

原則2　学習過程・見通しを示す

構造を捉える「すがたを変える大豆」　　見方・考え方を育てる指示

「説明されていることを目の付け どころに沿って分けよう」

育てたい見方　段落ごとに説明している観点を見付ける
育てたい考え方　観点に合わせて比べる

説明内容を観点に沿って分類し，内容理解を進める

　小学校中学年になると，いくつかのものを観点に沿って分類していくことができるようになってきます。例えば，サクラ，チューリップ，キャベツ，レタスというものを，花を観点にして，サクラ，チューリップ，野菜を観点にして，キャベツ，レタスを仲間にしていくといったことです。

　分類する考え方が使えると，説明文の段落ごとの内容を観点に沿って分けていくことで，それぞれの段落で説明されている対象の特長がよく分かったり，別の段落で説明されている対象と観点に沿った比較をすることができるようになったりします。

　こういった考え方を育てていくのに適した教材が，「すがたを変える大豆」（光村3年）です。この教材では，大豆から作られる黒豆やきなこ，とうふについて，工夫・食品名・作り方の観点から説明しています。

　授業では，「それぞれの段落では，共通して何について説明しているでしょうか」と投げかけ，工夫・食品名・作り方の三つの観点を引き出します。そのうえで，それらの観点に沿って説明内容を分類していくように指示します。各段落とも，工夫は「はじめ」に述べられています。食品名と作り方は段落により異なりますが，分かりやすく書かれているので分類していくのはさほど難しくはありません。また，このように分類することができるようになると，自分が説明的な文章を書いていく際にも活用していくことができます。

62

見方・考え方が育つ指示

説明されていることを目の付けどころに沿って分けよう。

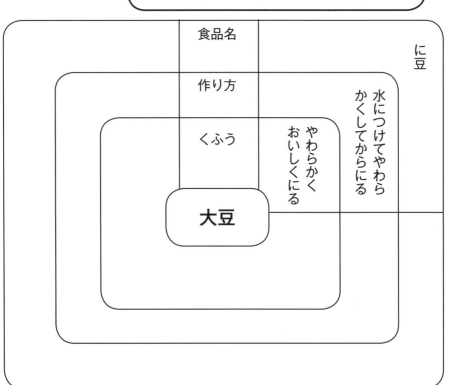

観点ごとの分類は書く活動にも使えます。

原則２　学習過程・見通しを示す

構造を捉える「生き物は円柱形」　　　見方・考え方を育てる指示

「具体とまとめを図に表そう」

育てたい見方　具体と抽象の関係をつかむ
育てたい考え方　具体的な説明を抽象的な言葉でまとめる

説明は具体と抽象の往復

　小学校高学年で身に付けたい考え方として，「具体と抽象」の往復があります。生活指導の場面を思い浮かべてみましょう。きれいに掃除をするためには，中学年以下の子に対してだと，雑巾がけ・ほうきの掃き方など細かく詳しく指導する必要があります。一方で，高学年の子に対してだと，雑巾がけをしっかりやっている姿を取り上げ，皆さんも自分の分担をきれいに行いましょうといった指導をすると，子どもたちは自分の分担に応じて何をどうすればいいのか判断することができます。こういった一つの具体的なことを抽象化してとらえ，再度詳しく具体化していく力を付けていくために，説明文の教材は適しています。なぜなら，基本的に説明文の構造は，話題や結論など抽象化した言葉の部分と，抽象化するもとになる具体的な説明や例から成り立っているからです。

　「生き物は円柱形」（光村５年）は，円柱形の強さについて新聞紙やチョウの羽を例に取り上げて説明し，円柱形の速さについてミミズやマグロを例に取り上げて説明しています。具体と抽象の関係をつかむ活動は，文章全体を「はじめ・中・終わり」に分けた次の時間，中の部分を読み取る際に行います。

　まず中を大きく二つに分け，「円柱形は強い」と「円柱形は速い」ことを取り出し，「まとめ」として位置付けます。次に「強い」とまとめられるための具体的な説明を探し，図式化します。「速い」も同様の活動をし，視覚的に具体と抽象の関係を意識付けます。

見方・考え方が育つ指示

具体とまとめを図に表そう。

```
        円柱形
       /      \
    速い        強い
```

速い
○ミミズは円柱形をしているから土の中を速く進める。
○時速100キロのマグロは円柱形の前後が少しとがった形。

強い
○新聞紙を丸めると立つ。
○チョウの羽や木の葉は中に円柱形の管があり、広い形を保っている。

具体と抽象を意識すると説明文の内容理解が進みます。

| 原則2　学習過程・見通しを示す |

| 音読 | 見方・考え方を育てる指示 |

「音読の工夫を，ポイントに沿って理由を付けて考えよう」

| 育てたい見方 | 音読のポイントに沿って工夫を考える |
| 育てたい考え方 | 物語の内容と関連付けた理由をもつ |

読み取りを背景にした具体的な工夫を

　音読の工夫をするときに，「明るい感じで読む」といった，表したいことを工夫として考える子がいます。ところが，実際に工夫に合わせて音読するときになると，「明るい感じってどうやるんだっけ？」といった疑問が発生し，改めて具体的な工夫を考えなければならないということが起こりがちです。

　そこで，音読の工夫をしていく場合には，できるだけ具体的な工夫につながるポイントをクラス全体でまず出し合います。

　「声の大きさ」「速さ」「間」「抑揚」「強弱」といった工夫のポイントが出されたら，自分が音読する箇所の工夫をどうするか考えます。その際，「声の大きさ」のポイントに沿って考えるとしたら，「小さく」「大きく」「だんだん小さく」「だんだん大きく」などの具体的な工夫が出されることでしょう。

　音読の工夫を考えたら，さらに理由を考えます。理由を考えることで，その子がどのように物語のその部分を読み取っているかが表れますし，音読の理由と工夫を互いに伝え合うことで，お互いの読み取りを深めていくことにつながります。例えば「きつつきの商売」（光村3年）で「葉っぱのかさのパリパリパリ」の読みの工夫を「強く」，理由を「葉っぱのかさに雨が当たっている様子をあらわしたいから」とした子は，葉に雨粒が打ち付けている様子を音読の工夫を考える中で想像していることが分かります。

66

見方・考え方が育つ指示

音読の工夫を、ポイントに沿って理由を付けて考えよう。

音読のポイント
・声の大きさ
・速さ
・間
・強弱

「葉っぱのかさのパリパリパリ」はどう読もうかな……。

傘に雨が当たっているときみたいに雨が強く当たっている感じだと思うので、強く読んでみよう。

音読の工夫は理由とセットで考えましょう。

原則2　学習過程・見通しを示す

| 俳句 | 見方・考え方を育てる指示 |

「五感に沿って，イメージを ふくらまそう」

育てたい見方	俳句で取り上げたいものを五感に沿って見つめる
育てたい考え方	五感に沿って，言葉を広げる

観点に沿うことで発想が広がる

　俳句をつくるときには，中心となる言葉をまず決めます。その後，子ども たちが自由な発想で連想を広げることを期待して，「その言葉から思いつく 言葉を，中心となる言葉のまわりに書きましょう」という指示を出すことが ありますが，子どもたちの鉛筆はなかなか動いてくれません。

　その原因は，考えるためのよりどころがないからです。考えを巡らせてい くには，よりどころが必要になります。それをあらかじめ持ち合わせている 子はすらすら書けますが，持ち合わせていない子にとっては書くことができ ません。したがって，何に沿って連想していけばいいのかを示す必要があり ます。また，表現したいものによって，よりどころは異なりますので，表現 したいものに沿ったよりどころを示す必要があります。

　俳句をつくる場合には「五感」が適しています。「見えるもの・聞こえる もの・触った感じ・味・におい」を観点にして，中心となる言葉から連想を 広げていきます（もちろん，五つすべてを必ず網羅しなければならないとい うことはありません。書けないものもあります）。

　また，広げていく際，「視覚」では「色」，その他の感覚では「オノマト ペ」，五感すべてで「比喩」を考えていくようにします。そうしておくと， 後で俳句にまとめていくときに，写実的であったり，生き生きとしていたり， かけ離れた言葉の関係付けがあったりして，楽しい作品が生まれます。

見方・考え方が育つ指示

五感に沿って，イメージをふくらまそう。

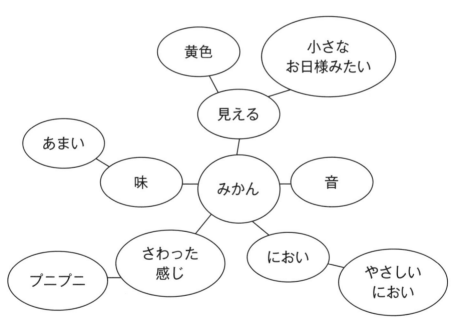

思いついたらどんどんマップに書いていきましょう。

原則2　学習過程・見通しを示す

| 詩 | 見方・考え方を育てる指示 |

「繰り返し，たとえに目を付けて想像しよう」

| 育てたい見方 | 反復表現，比喩に目を付ける |
| 育てたい考え方 | 反復表現の比較，比喩と実際の関係付け |

反復表現・比喩はイメージを広げるための起点

　詩を読んでいくときの楽しさの一つに，少ない言葉から想像を広げていくということがあります。目のつけどころをできるだけたくさんもっていることで，様々な角度から詩の世界を想像することができるようになりますが，ここでは「反復表現」に着目する方法と，「比喩」に着目する方法に関して述べます。

　「反復表現」には2通りあります。一つ目は「白い　白い」「青い　青い」のような同じ言葉の繰り返しです。反復表現に目を付けた後は，「もし，『白い　白い』が『白い』だったら……」という考え方を使い，読み取っていきます。反復表現の二つ目は，「からたちの花が咲いたよ」「からたちのとげはいたいよ」のように変化していくものです。この場合には，「花が咲いた」「とげはいたいよ」のように，変化している部分を比べて読み取っていきます。

　「比喩」では，たとえられているものとたとえているものの共通性と個別性，それらを踏まえた総合的な読みを考えていきます。

　例えば，木の影を焔になぞらえた「静かな焔」では，「木　は　しずかなほのお」における木の影とほのおの共通点は何かを問い，木の陰のシルエットとほのおの様子が重なることを引き出します。そのうえで，木は静かに佇んでいるイメージ，ほのおは元気なイメージである個別性を確認し，木は静かであるが力強い生命力を秘めているという読み取りにつなげるのです。

70

見方・考え方が育つ指示

繰り返し，たとえに目を付けて想像しよう。

「花が咲いたよ」っていう明るい感じから「とげはいたいよ」っていう悲しい感じに変わったなあ。何かつらいことがあったのかな……。

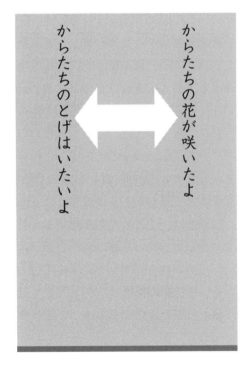

からたちの花が咲いたよ ⇔ からたちのとげはいたいよ

反復表現・比喩に着目し，イメージを広げましょう。

原則2　学習過程・見通しを示す

作文　　　　　　　　　　見方・考え方を育てる指示

「流れに沿って，筋道立てて書こう」

育てたい見方　モデルの組立ての流れに合わせる
育てたい考え方　問題提起から解決まで筋道立てて考える

流れを示すことで，楽に，筋道立てて作文が書ける

　新学期のスタート時には，子どもたちに学期の目標を立てさせることでしょう。その際，画用紙などに目標を書くだけではなく，目標を立てた理由，達成方法などをきちんと作文に書かせる先生も多いと思います。

　作文を書かせることには二つの効果があります。一つは，目標が「願いごと」にならないこと。そして，今の自分を見つめ，必要感を自覚し，達成に向けた方法を意識することで，目標達成に向けた頑張りが期待できることです。二つは，「課題—課題設定の理由—達成方法」といった問題解決型の文章構成力を育てることができることです。

　授業では，子どもたちに次のように作文の組立てを板書してから書かせます。

1．今学期の目標　　　　2．目標を立てた理由
3．目標を達成する方法　4．今学期の終わりの自分の姿の予想

　はじめて行う場合，組立てを意識せずに書く子も何人かいますので，机間指導をして組立てに沿って書けるよう指導します。（例を示すと効果的です。）

　慣れてくると，このような組立てを示さなくても子どもたちは書けるようになっていきます。

見方・考え方が育つ指示

流れに沿って、筋道立てて書こう。

二学期の目標作文
① 二学期の目標
② 目標を立てた理由
③ 目標を達成する方法
④ 二学期の終わりの自分の姿の予想

私の目標は、大きな声で自分からあいさつすることにしよう。理由は……。

筋道立てて書けると、筋道立てて考える力も高まります。

原則2　学習過程・見通しを示す

作文　　　　　　　　　　　見方・考え方を育てる指示

「意見文マップを使って説得力のある文章をつくろう」

育てたい見方　論証の型に合わせて物事をみる
育てたい考え方　観点・根拠・理由をもち，主張を導く

論証の型に合わせることで説得力が生まれる

　論理的思考の一つに，「根拠―理由―主張」の型に沿って考えるということがあります。根拠からいきなり主張を述べるのではなく，両者の間をつなぐ理由を入れることで，その人の述べていることは説得力をもち相手に伝わります。「雨が降っていて明日の遠足が中止になった。だから嬉しい」では，なぜ嬉しいのか伝わってきませんが，「僕は風邪が治ったばかりで長い距離を歩くのがつらいので」という理由を入れることにより，相手は「なるほど」という気持ちになります。

　また，意見は，どんな立場で，どんなことに目を付けるかによっても変わります。一つの出来事も，見方によっていろいろな考えが生まれます。したがって，立場や観点を意識することで，幅広く考えることができます。

　授業は「行くならどっち？　山か海」というテーマで行います。子どもたちは次ページに示す意見文マップの構成要素に合わせて，テーマ，観点，根拠，理由，主張を書き込んでいきます。

　初めのうち，子どもたちは戸惑いながらマッピングしていきますが，慣れてくるとどんどん見方も広がっていきます。次の時間では，適切なところで接続語を使うことを指導し，文章化し，発表し合います。また，この意見文マップは，論題を変えれば，いろいろな場面で使うことができます。

74

見方・考え方が育つ指示

意見文マップを使って説得力のある文章をつくろう。

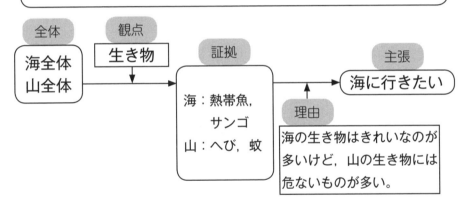

今度は、観点を「暑さ」にしてやってみよう！

できあがったマップは交流し、考えを広げましょう。

原則2　学習過程・見通しを示す

作文 　　　　　　　　　　見方・考え方を育てる指示

「オノマトペ，たとえを使って 楽しい作文を書こう」

育てたい見方 書こうとする対象にオノマトペ，たとえを当てはめる
育てたい考え方 様子を注意深く見たり，類似のものを見付けたりする

別のものに変換すると文章が生き生きする

　子どもたちが作文を書いていくときには，他の子と同じような表現でなく，その子の個性が表れた表現が見られる文章が書けるようにしたいものです。そのために，「オノマトペ」「比喩」を使って文章を書くことを子どもたちに勧めていきます。

　擬音・擬態を表すオノマトペは，雨の音なら「ザーザー」を使わなければならないという決まりはありません。食感を表す「もちもち」など，今現在もオノマトペは増えています。自分なりに様子を表現するので，いろいろなオノマトペがあってよいのです。

　「比喩」も，何を何にたとえるかという関係においては，オノマトペと同様に制約はありません。自分の感性でたとえるものをいくらでも広く考えることができます。例えば，「嬉しいときの『心の色』を書きましょう」と子どもたちに投げかけてみます。すると「にじ色」「オレンジ色」「赤色」など，子どもによって感情を様々な色にたとえます。

　授業では，作文の下書きを終えた後，清書する前の推敲のところでこの活動を入れると効果的です。いったん自分が書いた文章を，様子・音などで自分らしいオリジナルなオノマトペが入れられそうなところはないか，また，様子や気持ちなどを別のものにたとえられそうなところはないかという観点で読み返し，オノマトペ，たとえを入れていきます。

見方・考え方が育つ指示

オノマトペ，たとえを使って楽しい作文を書こう。

「一生けんめい」を，たとえを使って「まるで鉄砲から飛び出した玉のように」にしてみようかな……。

先生のピストルの音が鳴った。私は、ゴール目指して一生けんめい走り出した。……

できたものはどんどん紹介し，発想を広げましょう。

原則2　学習過程・見通しを示す

作文　　　　　　　　見方・考え方を育てる指示

「反論を予想して意見文を書こう」

育てたい見方　自分の意見を異なる立場から見る
育てたい考え方　予想した反論に対し再反論する

多面的なものの見方は説得力を生む

　高学年の子どもたちが意見文を書いていく際，反論を予想して書いていくことには二つのよさがあります。

　一つは，**意見文の説得力が増す**ということです。この意見にはこのようなデメリットがありそうだけれど，でもこうすれば解消できるということが伝われば，その意見文を読んだ人の納得度は高まります。

　二つは，**意見文を書いている子の多面的なものの見方が育つ**ということです。自分が考えていることのよさや課題が分かることで，課題を上手に解消しながら，よさを生かしていくような取り組みが考えられるでしょう。また，幅広く物事を見られる人は，様々な考えの人と協働的に物事に取り組めるでしょう。

　授業は，取材段階で自分の主張，根拠，理由が整った後に行います。例えば，「謝る場合は電話か手紙か」といった論題で「手紙がよい」という主張を展開した場合，手紙の欠点を考えます。「直接でないので気持ちが伝わりにくい」ことが欠点であれば，「気持ちが伝わりにくい」という欠点を解消する方法（「何回も書き直しをして正しく気持ちが伝わる表現にすればよい」）を考えます。このときに注意したいことは，反論されたこととは別の事柄で再反論するような形にならないようにすることです。「あとあとまでずっと取っておいてもらえる」という事柄だと，論点がずれてしまいます。

見方・考え方が育つ指示

> 反論を予想して意見文を書こう。

原則2 学習過程・見通しを示す

| 謝る場合は手紙がよい |

反論　| 直接でないので<u>気持ちが伝わりにくい</u> |

再反論　| <u>何回も書き直しをして</u>
<u>正しく気持ちが伝わる表現にすればよい</u> |

考えた反論に正対する再反論を考えましょう。

> **原則２　学習過程・見通しを示す**

| インタビュー | 見方・考え方を育てる指示 |

「5W1Hプラス3で
インタビューをしよう」

| 育てたい見方 | 5W1H，詳しく聞きたいこと，思い，感想 |
| 育てたい考え方 | 観点に沿って必要な情報を引き出し，感想を返す |

基本を使って確実にインタビュー

　インタビューの活動を行う際，聞きたいことがたくさん思い浮かぶ子もいますが，「何を聞いていいのか分からない」という子も少なからずいます。

　質問をするときの基本的な観点を知っていれば，何を聞いていいのか分からないという状態から脱出することができます。

　インタビューの基本的な観点としては，「いつ」「どこ」「誰」「何」「なぜ」「どのように」の5W1Hの六つです。例えば，5年生が6年生に対して児童会活動についてインタビューをしていくときに，以上の六つを踏まえて行えば，基本的な情報を得ることができます。（なお，六つの要素はすべて使う必要はありません。）

　さらにここではあと三つ，インタビューで大切にしたいことを紹介します。

　一つは，六つの要素の中から詳しく聞きたいことを決めて，さらに突っ込んで聞くということです。

　二つは，「気持ち・思い」を聞くということです。

　三つは，インタビュアーが思ったことを返すということです。

　インタビュー活動を行うことが決まったら，5W1Hプラス3の要素のうち，インタビュアーが思ったことを返す以外の要素に沿って質問をつくっていきます。そうすれば，クラスみんながインタビューの質問をつくれるようになります。

見方・考え方が育つ指示

5W1Hプラス3で
インタビューをしよう。

6年生に清掃委員会の活動について聞きたいので

| 清掃当番はいつやっていますか？ | 清掃当番はどんな気持ちでやっていますか？ | 清掃委員会は何のために活動していますか？ |

インタビューの目的を設定してから質問内容を考えましょう。

原則3　個で取り組む機会を設ける

すぐに友達と相談し始める子　　　　　個で取り組むための指示

「まず，自分で考えよう」

育てたい取り組みの姿　　落ち着いて自分の力で考える

まず，自分の考えをもとうとする姿を大切に

　学習課題が定まり，見通しや学習過程を示したら，いよいよ個人追究に入ります。子どもたちは教科書の教材文をじっくり読んだり，ノートに自分の考えを書いていったり，原稿用紙に文章を書いていったりするでしょう。静かだけれども，子どもたちの頭の中はフル回転している状態です。

　けれどもこのときに，すぐに隣や後ろの席の子に話しかけて，相談しながら考えをつくり出そうとする子が出てきます。おそらくその子は，どうやって考えたらいいのかよく分からないのでしょう。

　だからと言って，個人追究が始まってすぐに相談を始めることは禁物です。なぜなら，それではこの授業で育てたい「見方・考え方」が身に付かないからです。また，そういうクラスでは教師の話を聞き取る力も育ちません。

　学習課題解決のための「見方・考え方」を使って，ああでもないこうでもないと自分で考えてみること，「見方・考え方」を使ってみることによってこそ，「見方・考え方」を働かせる力は付いていきます。友達に頼ってしまうことは，せっかくの「見方・考え方」を使う機会を自分で放棄していることになります。

　まず自分で一生懸命考えることにより，自分の考えがもてなかったときに友達の考えを聞くことへの高い必要感が生まれてくるのです。一人になって静寂の時間をつくることを大切にしましょう。

82

個で取り組むための指示

まず，自分で考えよう。

ねえ，ねえ，どうやって考えたらいいの？

それはね，こう考えたらいいんだよ。

じゃあ，まず1回教科書を読んでみようかな。

すぐに友達に頼らない空気をつくりましょう。

原則３　個で取り組む機会を設ける

| 手が止まってしまう子 | 個で取り組むための指示 |

「例を示します。顔を上げよう」

| 育てたい取り組みの姿 | 見方・考え方の手掛かりを得る |

具体を知るとイメージがわく

　どんなものを表現したらいいのか，どう考えを表したらいいのかよく分からないと，子どもたちの活動はなかなか進みません。そんなときには具体例を示します。そうすると目指すものの姿が鮮明になり，子どもたちの活動は一気に活発化します。

　例示には，教師から示す場合と，子どもから示す場合の二通りがあります。また，示すタイミングでは，個人追究が始まるときに示す場合と，ある程度時間が経ってから示す場合の二通りがあります。

　個人追究が始まる前に例を示すのは，次のようなときです。

　思考の難度がそれほど高くなく，易しく取り組めそうな場合に，考え方の大枠を揃えるために，子どもたちに考えの例を求めるケースです。

　ある程度時間が経ってから例を示すのは，次のようなときです。

　個人の考えがなかなか浮かばない場合に，活動を一度止めて教師が例を示します。また，できた子とできていない子の個人差が広がってきたとき，できた子にどんどん発表してもらい，まだできていない子の参考にさせるケースです。

　学習課題や「見方・考え方」の難度，子どもたちの達成状況によって，例を示すタイミング，例を示す主体を使い分けましょう。

84

個で取り組むための指示

> 子どもたちの鉛筆が動かない……

例を示します。
顔を上げよう。

なるほど！　そうやって
考えるんだ！　簡単だね。

参考にするのはよいですが，
できるだけ例を真似しないようにしましょう。

原則3　個で取り組む機会を設ける

| 手が止まってしまう子 | 個で取り組むための指示 |

「隣の友達と２分間相談しよう」

| 育てたい取り組みの姿 | 見方・考え方の手掛かりを得る |

話し合うことによって，考えの種が生まれる

　子どもたち一人ひとりがまず自分で考え始めたものの，よく分からない，あるいは考えに自信がもてないといった状況になったとき，隣の席の子と相談する時間を確保します。

　ここで相談することの効果は大きく二つです。

　一つは硬直した空気を和らげて，**考えが生まれやすい雰囲気をつくること**です。一生懸命考えても考えが浮かばない状態になると，教室の空気がだんだん硬直化してきます。そうなると，よい考えは浮かびにくくなります。そんなとき，少し話し合う時間をとることで空気は和らぎます。

　二つは**お互いに考えのヒントを得合う**ことです。相談する時間の中で，「こうじゃないの？」「そうかなあ，こうかもよ」などと言い合うことにより，考えが生まれてくるきっかけを得合うことができるのです。

　個人追究を始めて３分くらい経ったとき，活動の停滞が見られたら相談の時間をとりましょう。あまり早く相談する時間に切り替える必要はありません。子どもは鉛筆を動かさなくても，頭の中は活発に考えていることが多いものだからです。子どもを信じて待ちましょう。それから，この活動は個人追究を活性化させるために行うので，相談する時間は１〜２分程度として，終了後は，再び個人追究に戻します。

86

個で取り組むための指示

子どもたちの鉛筆が動かない……

隣の友達と，2分間相談しよう。

少し考えは浮かんだ？

繰り返しに目を付けるんだよね。見付けた？

時間を短く設定することで相談の密度が上がります。

原則3　個で取り組む機会を設ける

| 手が止まってしまう子 | 個で取り組むための指示 |

「目の付けどころを決めて 考えをまとめよう」

| 育てたい取り組みの姿 | 見方を定める |

見方を定めると具体が見えてくる

　作文やスピーチの題材選びや，俳句や物語の読み取りなどで考えがなかなか進まない場合，どこに目を付けて考えたらいいのかが分かっていないことが原因だということがあります。例えば，昨日あった出来事をニュースにして詳しくまとめようという活動を行う場合に詳しくできない，俳句の読み取りをしようという活動を行う場合に読み取りが進まないといった状況です。

　このようなときには，子どもたちに具体的な視点を示し，視点に沿って考えていくことを指示します。例えば，昨日の出来事を詳しくするといった場合には，中心となる出来事を決めたら，5W1Hに従って，「いつ」のことか，「どこ」でのことか，「誰」のことか，「何」をしたのか，「なぜ」起きたのか，「どのような」様子だったのかに沿って思い出していくと，随分と詳しくなります。

　作文を書いたり，スピーチをつくったり，俳句や物語の読み取りをしたりするときに，「『自由に』『自分なりに』考えていいですよ」と指示するのは，一見子どもを大切にしているように聞こえます。けれども，その指示で活動を進めていけない子は大勢います。また，その指示ではすべての子にその授業で身に付けさせたい「見方・考え方」を獲得させることは不可能でしょう。授業の導入で学習課題を設定した後，「見方・考え方」の見通しをもたせることを心掛けるとともに，個人追究の中で子どもたちがそれをしっかり使えているか把握し，必要に応じ，さらに具体的な視点を示すようにしましょう。

個で取り組むための指示

どこから手を付けていいか分からない……。

目の付けどころを決めて考えをまとめよう。

５Ｗ１Ｈに沿って昨日の出来事を思い出してごらん。

「どこで」に目を付けると，昨日サッカーをしたのは，小学校の校庭で……。

見方が定まると発想はどんどん鮮明になります。

原則3　個で取り組む機会を設ける

原則3　個で取り組む機会を設ける

考えるヒントが必要な子	個で取り組むための指示

「ここに書いてあることとこっちに書いてあることを比べてごらん」

育てたい取り組みの姿	考え方を自分の力で使ってみる

比べる対象がはっきりすることで活発な思考が生まれる

　物語の読み取りを進めていく際に，自分の考えがなかなか生まれない場合があります。その原因の一つは，読み取りの対象となる文章が長く，文章自体を読もうという意欲がなかなかわかないからです。しかし，そういった場合でも，何かしら自分の考えをもつことができれば，少しずつ楽しくなって，取り組みの意欲がわいてくることは結構あるものです。そこで，途方に暮れている子に対しては，目を付ける叙述を示してそれらを比べてみるように指示をします。

　例えば，「一つの花」（光村４年）で，お父さんが去り際におにぎりではなくコスモスを渡したときの気持ちを想像する学習の場合です。おにぎりとコスモスに目を付けて比べることを見通しとしてもたせますが，それだけではそれぞれの具体的な叙述に目が向かない子もいます。そこでおにぎりの「ゆみ子は，おにぎりが入っているのをちゃあんと知っていましたので，『一つだけちょうだい，おじぎり，一つだけちょうだい。』と言って，駅に着くまでにみんな食べてしまいました」と，コスモスの「ゆみ子はお父さんに花をもらうとキャッキャッと足をばたつかせて喜びました」を取り出して，ゆみ子の反応の違いや気持ちの違いを比較させます。

　活動のきっかけとなる叙述を具体的に示すことで，思考が一気に活発になっていきます。

個で取り組むための指示

文章が長くて，読もうという気持ちにならないなあ……。

ここに書いてあることとこっちに書いてあることを比べてごらん。

おにぎりは，いくらもらってももっと欲しがるけれど，コスモスは，一つだけで満足しているぞ。

考え方が定まると思考はどんどん活発になります。

原則3　個で取り組む機会を設ける

主張となる考えができた子　　　個で取り組むための指示

「どこから，なぜ
　　そう考えたかも書こう」

育てたい取り組みの姿　　根拠と理由を明確にする

根拠と理由を付けることで，考えは確かなものになる

　論理的に考えることの基本形は「根拠─理由─主張」の3点セットです。例えば，次のようなものです。「兵十の問いかけに『ぐったりと目をつぶったまま』うなずいたごんの気持ちはどうだっただろう」という学習課題に対して，「『ごん，おまえだったのか，いつもくりをくれたのは』と兵十が言っているところ（根拠）から，ごんはうれしかったと思います（主張），なぜなら，ごんは兵十にずっとくりや松たけを持って行っているのを自分だと気づいてほしかったからです（理由）」といったものです。

　個人追究が始まると，学習課題に対する自分の考えの「主張」となる部分は，比較的早くできる子は多いです。子どもたちの「見方・考え方」を論理的に働かせていくには，ここからが大切なところです。

　「うれしかった」とか「悲しかった」など，子どもが思い浮かべたものについて，何となくそう思ったというように感じている場合でも，本当は文章のどこかにその根拠があり，意識化しない中でも理由付けをしているものです。したがって，まず自分の「主張」が思い浮かんだときには，この考えはどこから考えたのかな，そしてそこからなぜそう思ったのかな，ということを考えてみるよう促すことが大切です。そうすることで，一貫性，説得力のある論理的な考えを生み出すことにつながります。そしてそれは，その後の共同追究での意見交換による考えの深まり，広がりにつながります。

個で取り組むための指示

ぐったりと目をつぶったままうなずいたごんは……。

「うれしかった，と思います。」

 「どこから，なぜそう考えたかも書こう。」

「どこから，思ったんだっけ？ごんは，ずっと兵十に気付いてほしかったんだから……。」

何を比べるかはっきりすると考えが進みます。

原則3　個で取り組む機会を設ける

早くできた子　　　　個で取り組むための指示

「できた人は，先生のところに持ってきて見せて」

育てたい取り組みの姿　　自分の力で追究する

子どもはやっぱり先生に見てもらいたいのです

　子どもたちの個人追究に向かう意識，また，達成度にはもともと差があります。やる気いっぱいで追究に向かう子もいれば，あまりやる気をもたずに個人追究に入ってしまう子もいます。また，どこに目を付けて，どのように考えていけばよいのかをしっかり理解して追究している子もいれば，あまり理解せずに追究している子もいます。そういった様々な状態の子どもたちのやる気を高め，達成度を高めていくために，「早くできた人は先生のところに持ってきて見せて」という指示は大変有効です。

　この指示を聞くことで，やる気いっぱいで取り組んでいる子は早く課題解決をし，教師のところに見せにきます。そこで，「見方・考え方」に修正が必要な場合はその子や全体に声かけをします。そうすることで，本時で身に付けさせたい「見方・考え方」を適切に働かせて定着していくことにつながります。「見方・考え方」に修正がなければ，「素晴らしいですね。頑張りましたね」というように賞賛することで，子どもたちの取り組みにはどんどん加速度がついてきます。やる気に乏しかった子の多くも追究を始めていくようになります。

　考えが間違っているか不安な気持ちを抱えながらも勇気を出して見せにきた子には，答えが合っていても間違っていても温かい声かけをしましょう。そうすると，子どもたちは安心して，どんどん自分の考えを見せにくるようになります。

94

個で取り組むための指示

できた人は，先生のところに持ってきて見せて。

ようし，早く持っていって，丸してもらうぞ！

原則3　個で取り組む機会を設ける

見せにきた子には温かい言葉をたっぷりかけましょう。

原則3　個で取り組む機会を設ける

早くできた子	個で取り組むための指示

「この考え，黒板に書きましょう」

育てたい取り組みの姿	見方・考え方を使った具体を表し，つかむ

具体の姿は追究を加速させる

　個人追究で自分の考えが早くもてた子に，その考えを板書させることには，板書する子と個人追究をしている子たちの両方にとってよいことがあります。

　板書する子にとってのよさは，一つは，**自分の考えに自信がもてること**です。先生に考えを見せて丸をもらい，さらにみんなにその考えを紹介することを求められるのですから，自己肯定感も高まります。二つは，**時間を大事に使うということ**です。早くできたとしても，次にやることが指示されていなければ時間をもて余してしまいます。そうすると私語が始まり，授業のしまりがなくなっていきます。次にやることとして，黒板に自分の考えを書くということがあると，その子にとっての空白の時間がなくなり，授業のよい緊張感が続きます。

　個人追究をしている子にとってのよさは，追究しようとしていることに対する一つの具体的な考えが示されるということです。自分の考えをつくるための手掛かりが得られます。子どもが小さいほど，また，課題の難度が高いほど，課題に対する具体的な考えが示されることで，「ああ，そう考えればいいんだ」という，考え方に対する納得がなされます。その結果，一人ひとりの考えが確実につくられていくことにつながります。

　教師のところには様々な考えが集まってきますので，いろいろなタイプを板書させると，個人追究する子それぞれに応じた一層効果的な手掛かりとなります。

個で取り組むための指示

(教師に見せた子に)この考え,黒板に書きましょう。

なるほど,ああやって考えればいいんだ!

原則3 個で取り組む機会を設ける

板書が終わったら,他にも自分の考えをつくるよう指示します。

原則3　個で取り組む機会を設ける

早くできた子　　　　　個で取り組むための指示

「隣の友達のお手伝いを しましょう」

育てたい取り組みの姿　　説明をして見方・考え方をつかむ

説明することで見方・考え方は自分のものになる

　個人追究で早く自分の考えがもて，他の子はまだ個人追究をしているとき，隣の席の友達のお手伝いをする（教える）よう指示をすることは，教える子にとっても，教えられる子にとっても効果があります。

　教える子にとっては，二つの意味があります。一つは，**活動に空白の時間をつくらないこと**です。二つは，他の子に説明することで，教える子にとって**「見方・考え方」を自分のものにしていくことができる**ということです。人に説明するには自分が分かっていないとできませんし，また，説明していくことで，自分の中の理解が一層進むからです。

　教えられる子にとっては，子どもの言葉での説明が聞けるというメリットがあります。教師が分かりやすく説明したつもりでも，子どもが説明した言葉にはなぜかかなわないものです。子どもの説明は，大人が聞くとたどたどしい説明でも，子どもからしてみれば自分にとって身近な言葉であったり，説明する側の考えの流れに沿って具体的に説明したりするため，分かりやすいものです。

　取り組みでは次の点に気を付けましょう。一つはお手伝いする相手を決めることです。誰でもいいというようにすると混乱しますので，“隣の子”と決めることが活動を安定させます。また，子どもによっては一人でじっくり考えたいという子もいます。相手の様子を見て関わりの程度を考えていけるようにしましょう。

98

個で取り組むための指示

（教師に見せた子に）隣の友達のお手伝いをしましょう。

よく分からないところはある？

ええと，教科書のどこらへんを見ればいい？

相手の子の様子を見て，問いかけながら説明します。

原則3　個で取り組む機会を設ける

| 音読 | 個で取り組むための指示 |

「どうしてもやりたい工夫を一つだけやってみよう」

| 育てたい取り組みの姿 | 確実に音読の表現力を高める |

絞ることで，力は高まる

　物語を音読して表現力の高まりをねらう場合，まずどこに音読の工夫を入れたいか，範囲を決めます。次に，そこにどんな工夫をしていくのかを決めていきます。場面の様子や登場人物の心情に合わせて，子どもたちは声の大きさ・速さ・間・抑揚・強弱といった工夫を，理由とともに書き込んでいきます。

　このとき，やる気いっぱいの子どもたちは，音読の工夫をたくさん書き込んでいきます。しかし，たくさん書きすぎると，その後の音読練習では十分な表現力の高まりにつながらず，発表もどこを工夫したのかがよく分からないということに陥ることになりかねません。たくさん工夫をする箇所をつくると，当然のことながらたくさんの箇所について工夫をしなければなりません。練習時間を多くすれば対応できそうですが，実際に音読の工夫をする活動を行うと，子どもの集中した取り組みは長時間続きません。相互評価をしながら音読の表現力を高めていく活動をするときも，工夫する場所が多ければ多いほど，評価する子にとっても負担です。また，アドバイスする箇所が多いほど，それぞれを向上させるのは難しくなります。

　授業の導入で決めた音読の工夫が，声の大きさ・速さ・間だとしたら，それぞれについてどうしてもやりたい工夫を一つずつ入れる，というように，絞り込んで音読の工夫を決めるようにしましょう。

100

個で取り組むための指示

どうしてもやりたい工夫を一つだけやってみよう。

「ぐったりと」をうんとゆっくり読もう。

声の強弱をつけて、ドキドキしている気持ちが表れるようにしよう。

場面が変わるところでは、間を取って情景の変化を伝えよう。

原則3 個で取り組む機会を設ける

工夫の数を絞ることで、表現したい気持ちも高まります。

原則4　対話のはたらきを使い分ける

対話の土台づくり　　　　　　　対話で深め広げるための指示

「何のために，どうやって，何について話し合うのかはっきりさせよう」

育てたい深まりや取り組みの姿　深め，広げるための入口に立つ

土台がしっかりすることで話し合いが始まる

　ペアやグループでの話し合い活動のとき，書いてあることの発表で終わってしまう，話し合いがまったく盛り上がらない，お互いの声が小さくて多分お互いに聞き取れていないなどといった場合，どんな条件を整えれば，子どもたちが意欲的に話し合いに参加し，活動を円滑に進めていけるのでしょう。

　大きくは次の三つが整うことで，話し合いが始まっていきます。

　一つは**目的意識**です。何のためにこの話し合いを行うかをはっきりさせることです。お互いの考えを検討し合い一つの結論を導き出すのか，お互いの考えの違いを学び合い自分の考えを広げていくのかなどです。目的意識が定まれば，子どもは話し合いに対して意欲的に臨むことができます。

　二つは**方法意識**です。目的が決まっても，「見方・考え方」や進め方が分からなければ，話し合いは進みません。

　三つは**内容**です。進め方が分かっても，一人ひとりに語る内容がなければ，話し合いではなく沈黙の時間になってしまいます。

　方法意識と内容がはっきりすることで，話し合いは円滑に進みます。

　個人追究からペアやグループでの追究に移る際，子どもたちと一緒に目的・方法・内容についてしっかりと確認しましょう。

対話で深め広げるための指示

原則4 対話のはたらきを使い分ける

何のために,
どうやって,
何について,
話し合うのかはっきりさせよう。

グループみんなの考えを聞いて,自分の考えを広げよう。

最初の構えをしっかりすることが
活発な話し合いにつながります。

原則4　対話のはたらきを使い分ける

聞く　　　　　　　　対話で深め広げるための指示

「自分の考えと比べて友達の 考えを聞こう」

育てたい深まりや広がりの姿　　より質の高い考えを生み出す

比べることで，考えは進化する

　対話的な活動において，どんなところに目を付けて話を聞き合うかという視点が定まったとします。

　この状態だと，例えば「いわし雲　大いなる瀬を　さかのぼる」（飯田蛇笏）の俳句の解釈をする授業の場合，子どもたちは「見えるもの」に気を付けて友達の話を聞けばいいんだなということは分かっています。つまり，意見の発表を聞くときに「『○○さんは，たくさんのいわし雲が空一面に広がっている』ということが見えたんだな」ということは理解できているということです。しかし，そのうえでさらに意見をもたせるには，「自分の考えと比べる」ということを指示する必要があります。

　指示しなくても，友達の考えを自分の考えと比較しながら聞くことができる子もいます。しかし，指示しなくてはできない子もたくさんいますし，だからこそ，グループやペアでの話し合いが，各自がノートにまとめたことの発表で終わってしまうことが多いのです。

　比べることを指示すれば，「『○○さんは，たくさんのいわし雲が空一面に広がっている』ということが見えたんだな。僕の考えと比べると違うな。ぼくはいわし雲が川に映っている様子が思い浮かんだんだ。どっちがいいのかな」というように，意見がずれているところや，あるいは重なっているところが浮き彫りになり，みんなで検討することで追究が深まっていきます。

104

対話で深め広げるための指示

自分の考えと比べて友達の考えを聞こう。

私は，たくさんのいわし雲が大空に浮かんでいる様子が見えます。

あれ，ぼくは大きな川にいわし雲が映っているんじゃないかと思うけれど……。

比べることで相手の意見への集中度も高まります。

原則4　対話のはたらきを使い分ける

原則4　対話のはたらきを使い分ける

| 反応する | 対話で深め広げるための指示 |

「共感，驚き，疑問を表そう」

| 育てたい深まりや広がりの姿 | 自分の考えと比較した結果を表現する |

表し方を示すことで反応が生まれる

　相手の話を聞く視点を定め，自分の考えと比較するという考えをもった段階でも，意見への反応ができない子が多くいます。それは，自分が考えた結果を表現する方法が分からないからです。

　そこで，相手の意見と自分の考えとを比較した結果を，基本的に三つのタイプで反応することを指導します。

　一つは，**共感**です。自分の考えと相手の考えが同様だったときの反応です。相手に返す際は，「私も同じように思います」という言い方になります。二つは，**驚き**です。相手の意見が自分の見方・考え方とは異なったもの，あるいは見方・考え方は自分と一緒だけれども，考えの内容が自分とは異なり，相手の意見を，驚きをもって肯定的に受け止めた場合の反応です。「私には気付かなかった考えでびっくりしました」という言い方になります。三つは，**疑問**です。これは相手の意見に対し，違和感をもった場合の反応です。（本来は「反論」なのですが，反対意見を出されることで意見を言いにくくなったり，反対意見そのものを言いにくかったりしますので，「疑問」という少し柔らかな表現にしています。）相手の意見の見方・考え方，内容に違和感があった際，「どうやってそう考えたのですか」という言い方で反応し，相手の詳しい説明を促し，改めて自分の考えと比較していきます。

　まずはペアでの対話から行い，慣れさせていくとよいでしょう。

106

対話で深め広げるための指示

共感，驚き，疑問を表そう。

僕には考えつかなかったので，びっくりしました。

私も○○さんの意見と同じです。

なぜそう考えたのかもう少し詳しく教えてください。

原則4 対話のはたらきを使い分ける

どう反応していいか分かると，
発表のし合いから脱出できます。

原則4　対話のはたらきを使い分ける

| 関連させる | 対話で深め広げるための指示 |

「つながる言葉を使って　関わり合おう」

| 育てたい深まりや広がりの姿 | 話題に沿って話し合いが進む |

きっかけになる言葉が，考えを比べて表すことに

　子どもたちの話し合いが深まらない原因の一つに，それぞれが自分の思うことを述べ，話し合いが拡散してしまうことが挙げられます。

　話し合いが焦点化していくためには，発言をする際，前の発言に自分はどう関わって述べるのかをはっきりさせることが必要となります。

　例えば，前の発言に対して補足したいことがあれば「付け足しで」，同じようなことであれば「似ていて」，賛成であれば「賛成で」，反対であれば「反対で」，分からないことがあれば「質問で」などと，立場をはっきりさせることで，発言が話題からそれず，関連していくようになります。

　また，賛成や反対など自分の立場を表明するということは，相手の意見を自分の考えと比較していることになりますので，考える力も高めていくことができます。さらに，友達の発言していることを集中して聞くという力を高めることもできます。

　このような，つながる言葉を前に付けて発言することは，ペアやグループなど，子ども同士での話し合い活動でこそ，自然にできるようにしていきたいものです。そのためには，クラス全体での話し合い活動を行う際に，前の発言に対する自分の立場を述べてから話し始めることを習慣付け，また，価値付けることが効果的です。

108

対話で深め広げるための指示

つながる言葉を使って関わり合おう。

目をつぶったままうなずいたごんは,うれしかったと思います。わけは……。

私は,反対で,切なかったと思います。なぜなら……。

関係付けることで,話し合いは深まります。

原則4 対話のはたらきを使い分ける

原則4　対話のはたらきを使い分ける

話し合い	対話で深め広げるための指示

「隣の人と
言い合いっこをしよう」

育てたい深まりや広がりの姿	考えを聞き，自分の意見をしっかりもつ

少しでも話すことで意見の質の向上と満足感, 自信をもつことに

　個人追究を行った後，ペアやグループで話し合う時間が十分にとれないときがあると思います。そんなときでもごく短時間，1分間くらいでもいいので，隣同士でお互いが考えたことを伝え合い，反応し合う時間をとりましょう。理由は三つあります。

　一つは，友達の考えを聞いて，自分の考えと比べ，**よりしっかりとした意見へと質を高める**ためです。このことは同時に，自分の考えを友達に示すことで，友達の意見の向上にもつながります。

　二つは，**意見を伝える満足感をもつ**ためです。個人追究の中でもった自分の考えを誰にも伝えずに終わってしまうことが繰り返されると，子どもは次第に自分の考えをもつことへの積極性がなくなっていきます。一方，自分の考えをもったら必ず誰かに示し，反応してもらうことが習慣付いていると，個人追究で自分の考えをもつことへの積極性は高まり，意見の質も高まっていきます。個人追究でもった考えを聞いてくれる人がいて，反応してくれるのは，子どもにとってうれしいことです。

　三つは，**自分の意見に自信をもつ**ためです。自分が考えていることは間違っていないかなという思いをもつ子は多いです。隣の子同士で考えを伝え合わせることで，同じようなことを考えていることに安心したり，友達から「その考えいいね！」と言ってもらうことで，考えの中身に自信がもてるようになります。

対話で深め広げるための指示

隣の人と
言い合いっこをしよう。

頑張ってつくった意見を聞いてもらえるわ。
隣の友達はどんなこと考えているのかな？

原則4　対話のはたらきを使い分ける

考えをつくらせたら
誰かに伝える機会を必ずとりましょう。

原則4　対話のはたらきを使い分ける

話し合い	対話で深め広げるための指示

「ペアをどんどん変えてみよう」

育てたい深まりや広がりの姿	考えの幅を広げる

相手が変わるたびにいろいろな考えと出会える

　隣の席の子同士やグループでの話し合いを重ねるうち，お互いの性格も見えてきて，どんどん話しやすくなっていくことは多くあると思います。一方，考えの傾向が分かってくるからこそ，新たな考えと出会う新鮮さは薄れてくる場合があります。同じ相手との話し合いのマンネリ化から脱出し，また，新しい考えと出会うために，話し合うペアをどんどん変えるという活動があります。

　このときに，子どもたちに自由に相手を決めて話し合うように指示をすると，ペアを組むのに時間がかかり，また，ペアをなかなか組めない子への対応が生じたりします。したがって，ペアの組み方や交代の仕方は，教師がはじめに決めておきます。また，その他に次の三つのことを決めておきます。一つは相手の意見の「見方・考え方」を自分と比べること，二つは話し合いの流れ，三つは話し合いの時間です。このとき，話し合いを2分行うと決めたら，その間は話し合いを続けるよう指示します。（いろいろな考えに接することが目的なので，ペア当たりの話し合いの時間は短くします。）また，これらのことは，席を移動させる前に子どもたちに理解させておく必要があります。席を移動してからだと，指示が入りにくくなるからです。説明を終えたら，教室の窓側の列の一番後ろの子を廊下側の列の一番後ろに移動させるなどして，席を一つずつ移動させます。この状態で話し合いを開始します。テンポよく進めていきましょう。

112

対話で深め広げるための指示

ペアをどんどん変えてみよう。

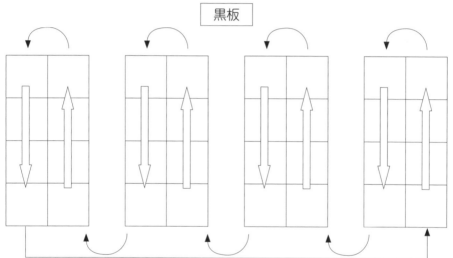

いろいろな友達の考えを聞けたので，もう一度自分の考えをまとめてみよう！

たくさんの考えにふれることを大切にしましょう。

原則4　対話のはたらきを使い分ける

| 話し合い | 対話で深め広げるための指示 |

「同じ立場同士で話し合おう」

| 育てたい深まりや広がりの姿 | 自分の考えの説得力が増す |

似た考えを補強し合い，さらに確かな考えに

　課題に対する意見が複数ある場合，全体での話し合いの中ですべての子が意見を発表していくことは難しいです。そこで，お互いの立場がはっきりしたところで，あるいは全体での話し合いが始まって多少意見交換が行われ論点がはっきりしてきたところで，同じ立場の子同士で集まり，意見交換することで，どの子も自分の意見を発表していくことができます。

　それだけでなく，同じ立場の子同士が集まって意見交換することで，自分たちの立場の考えをより説得力のあるものにしていくことができます。

　活動をするうえで大切なことは，目的意識をはっきりともたせることです。「同じ立場の子同士で集まって，意見をより説得力のあるものにして，他の立場の人に納得してもらおう」と投げかけると，同じ立場で集まった子どもたちにはまず連帯感が生まれ，相手を納得させようという意識が高まり，学習に対する主体性も高まります。そうなると，自分の意見を全体の場ではなかなか言えない子も発言できたり，自分たちの意見の根拠や理由をさらに探していったりするという姿にもつながるのです。

　集まった仲間内の主張は重なり合っているわけですので，根拠や理由をできるだけ多く挙げていくことが大切です。また，自分たちの立場への反論を予想し，再反論できるように準備しておくことも，意見を補強することとしてできるといいでしょう。

対話で深め広げるための指示

同じ立場同士で話し合おう。

ぐったりと目をつぶったまま……のごんは、うれしかったんだよ！

違うよ！
悲しかったんだよ。

「悲しかった」という人に納得してもらえるようにみんなで意見をつくろう。

グループでまとめた意見は，
各自ノートに書くようにさせましょう。

原則4　対話のはたらきを使い分ける

話し合い	対話で深め広げるための指示

「違う見方の人同士で話し合おう」

育てたい深まりや広がりの姿	対象に対する見方が広がる

新たな見方との出会いが思考の幅を広げる

　自分とは異なる「見方・考え方」と出会うことは，自分の「見方・考え方」の幅を広げることにつながります。同時に自分の考えを聞いた友達の「見方・考え方」の幅を広げていくことにもつながります。

　ここで紹介するのは，一斉授業においてではなく，違う立場の子ども同士で４人くらいの小グループをつくって話し合いを行うものです。そうすることによって，話しやすくなり，聞きたいことがある場合に質問しやすくなるからです。

　この活動を行うのは，一つのテーマや教材に対して異なる見方があるとき，いくつかある教材の中から自分が好きな教材を読み深めたときなどです。

　まず，学級全体の見方の分布状況を確認します。次に４人程度のグループができるよう，教師が，異なる見方の子同士をどんどん組み合わせていきます。

　「考えの違う人同士で集まりましょう」と呼びかけ，グループをつくらせることもできますが，そうすると基本的に仲のよい子で集まってしまいます。仲のよい子同士だとお互いの考えに新鮮味が生まれにくいので，教師がグループをつくるほうがよいのです。

　お互いの考えを聞いて，分かりにくいところは質問し，自分の見方や考えを広げるという目的意識をもたせてから行います。

対話で深め広げるための指示

違う見方の人同士で話し合おう。

「閑かさや　岩にしみ入る　せみの声」の読み深めで……。

「聞こえる」ものとしてはたくさんの「蝉の声」があります。

「見える」ものとしては大きな岩があります。

「さわる」ものとして森の中にふく風があるように感じます。

いろいろな見方が集まると，よく分かるなあ。

**広がった見方をもとに，
自分の意見をもう一度磨きましょう。**

原則4　対話のはたらきを使い分ける

原則4　対話のはたらきを使い分ける

| 話し合い | 対話で深め広げるための発問 |

「Aさんはどんな見方を していると思う？」

| 育てたい深まりや広がりの姿 | 対象に対する見方が広がる |

友達の見方を考えることで自分の見方も広がる

　クラス全体での交流の際，お互いの見方を発見し合うことで，子どもたちの見方はどんどん広がっていきます。ただし，発言に対してどんな見方をしていると思うかいきなり尋ねても，反応するのはなかなか難しいことです。

　そこでまず，はじめに出てきた発言に対して，教師がその子の見方を説明します。見方を見付ける考え方のモデルを子どもたちにつかませるのです。そのうえで，新たな発言が出てきたときに，その考え方を使って見方を見付けさせ，教師が位置付けていきます。

　例えば，①「古池や　蛙とびこむ　水の音」（松尾芭蕉）と②「閑かさや岩にしみ入る　蝉の声」（松尾芭蕉）のどちらがより静かな感じがするか，見えるもの・聞こえるものに目を付けて比べるという学習活動で，「私は，①のほうが静かな感じがします。①のほうは蛙が水に飛び込んだ瞬間の後だけど，②のほうは岩にしみ入るくらい蝉がずっと鳴いているからです」といった発言があれば，教師は「音の長さ」で比べていることを説明します。

　その後，続いて発言する子の見方に付いてどんな点から比べているか考えさせていくのです。このときも最初は，例えば「①のほうは蛙が1匹くらい，②のほうは蝉がたくさんいる感じ。これは何に目を付けているのですか？」と，発言の中で注目するポイントを挙げて，「音の数」などと答えさせていき，だんだん慣れていくようにするとよいでしょう。

対話で深め広げるための発問

Aさんはどんな見方を
していると思う？

原則4　対話のはたらきを使い分ける

蛙は1匹くらいで,
蝉はたくさんいそうだから
……。

そうか,
音を出すものの「数」に目を
付けているんだね。

**どんな見方かを考えることは,
謎解きのようで子どもは乗ってきます。**

原則4　対話のはたらきを使い分ける

話し合い　　　　　　　　　　　対話で深め広げるための指示

「見方を決めて意見を分類しよう」

育てたい深まりや広がりの姿　考えたものが整理できる

整理すると，頭の中がすっきりする

　物語の読み取りなどの授業で子どもたちに意見を求めるとき，教師は，思考が混乱しないように，一つの見方に基づく意見が出されたら，関連した意見を求めます。（例えば，登場人物が相手をどう呼んでいるかという見方での意見が出されたら，続けて同じ見方での意見を求めていきます。）

　一方で，話し合いの授業で子どもが司会を行うような場合では，見方が異なる意見が連続して出されて，それがきちんと分類・整理されないため，話し合いが深まらないということが起こりがちです。

　そこで，見方に応じて意見を分類していく力を付けるために，物語を読み取る授業で，いくつか出された意見を子どもたちに分類させていく活動を行います。個人追究でもった意見をどんどん発表させ，教師はそれをあえて分類・整理せずに板書していきます。ある程度意見が出たところで，「どんな見方をしているかをポイントにして，意見を分けてみましょう」と投げかけるのです。子どもたちは，これまでに学んだ見方を使って意見を分類していくことになります。

　このような活動を通すことで，お互いの意見が，どんな見方に基づいて出されているかを考える力が付いていきます。すると，話し合いで司会になった場合に，「Aさんと同じように○○の見方で考えた人，発言をお願いします」と，話し合いをコントロールすることができるようになります。また，意見を出す際にも，お互いの見方の共通・相違を意識できるようになります。

120

対話で深め広げるための指示

見方を決めて意見を分類しよう。

「クエと戦わなかった太一をどう思うか」を出し合う場面で

A 「海のいのち」だと思えたので自然を大事にする人だと思う。

B 父の敵なのに戦わなかったので残念だと思う。

C 心配していた母の気持ちに応えているので優しいと思う。

D 「海のめぐみだからなあ」という父の気持ちに沿っていていいと思う。

CとDは家族の気持ちから考えていて……。

見方を整理すると，話し合いがすっきりします。

原則4　対話のはたらきを使い分ける

話し合い	対話で深め広げるための発問

「Aさんの意見について　どう考える？」

育てたい深まりや広がりの姿	学習課題に対する考えが深まる

対象を絞ることで，考えの深まりが生まれる

　学級全体で意見の交流をしていく際，一人ひとりにどんどん発言させていくと話し合いの内容は拡散してしまい，整理ができず，深まっていきません。一方，一人の子の発言に焦点を当て，意見交流していく場面をつくることで，学習課題に対する考えは深まっていきます。

　"この考えに対しては，賛成する意見も多いだろうけれど，反対意見も多いだろう"というものを取り上げて，「Aさんの意見についてどう考えますか？」と問い，話し合いの焦点を絞ります。

　その際には，Aさんが孤立してしまうことのないよう配慮し，Aさんと似た考えの子や，Aさんとは違う考えの子の分布を確認しておくことが重要です。そのうえで，意見交換していくことで，学級全体で考えを練り上げることになります。

　例えば，「菜の花や　月は東に　日は西に」（与謝野蕪村）を教材にして，語り手には，菜の花はどのくらいの数が見えていたのだろうか」ということを追究していく際，「5，6本」という意見が出されたら，「その考えと同じ人？」「5，6本よりも少ないと思う人？」「5，6本よりも多いと思う人？」というように，まずはじめの意見に対する立場を考えさせます。そのうえで，それぞれの立場からの意見を交流させていくことで，話し合いの内容が深まっていきます。

　この活動は友達の考えを自分の考えと比較して聞く習慣付けにもなります。

対話で深め広げるための発問

Aさんの意見について
どう考える？

語り手が見ている菜の花の数は5，6本だと思います。

ぼくは，
もっと多いと思うよ。
だって……。

原則4　対話のはたらきを使い分ける

"ここは意見が分かれる" というときに行うと
話し合いが白熱します。

原則4　対話のはたらきを使い分ける

交流	対話で深め広げるための指示

「目の付けどころに沿って，
　感想を原稿用紙の裏に書こう」

育てたい深まりや広がりの姿	テーマに対する様々な考えを知り合う

書き手の思いを受け止める感想を

　行事作文，日記，書くことの領域で学習する報告文・記録文など，子ども
たちは様々な種類の文章を書いています。子どもたちは，それぞれの文章を
伝えたい思いをもって書いています。したがって，読み手は，書き手の思い
を大切にした反応をする必要があります。また，文章の書き方や，書き手の
考え方を知るためには，できるだけたくさんの子の文章に触れることが有効
です。

　これら二つのことを達成するための指示が，「目の付けどころに沿って感
想を原稿用紙の裏に書こう」というものです。「目の付けどころ」として，
その文章を書いた目的に照らし合わせ，例えば意見文ならば「文章を書いた
友達の意見に賛成できるか」といったものを示します。そして，目の付けど
ころに沿って，読み手が抱いた感想を原稿用紙の裏に書いていくようにしま
す。（このとき，原稿を発表し合うことはしません。音読に関する得意不得
意が現れ，お互いの文章内容を理解することに支障をきたす場合があるから
です。）

　書いた文章の量にもよりますが，読み，感想を書くまでの時間の目安を5
分程度と決めて，どんどん読ませ，書かせていきます。子どもは夢中になっ
て読みますが，必ず最後に確保する時間があります。それは，**友達が書いて
くれた感想を読む時間**です。子どもは友達が書いてくれた感想を食い入るよ
うに読みます。そして，きちんと説明することの価値を実感していきます。

対話で深め広げるための指示

原則4　対話のはたらきを使い分ける

目の付けどころに沿って，感想を原稿用紙の裏に書こう。

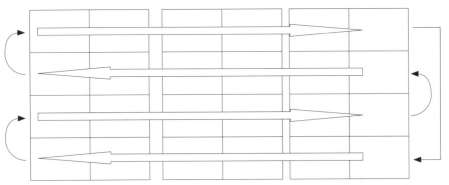

※矢印の順にどんどん原稿用紙をリレーしていきます

Aさんの結論には賛成できるなあ。僕には思いつかなかったよ。

**リレー方式にして，
たくさんの文章と出会えるようにしましょう。**

原則4　対話のはたらきを使い分ける

| 評価 | 対話で深め広げるための指示 |

「目の付けどころに沿って，チェックしよう」

| 育てたい深まりや広がりの姿 | 目指す姿に向け，頑張る気持ちがもてる |

ポイントを絞ることが向上につながる

　音読やスピーチで音声表現の力を高めていくために，相互評価はよく行われていますが，やり方によっては，音声表現が苦手な子の苦手意識をますます高めてしまうことがあります。それは，その単元や授業で付けたい力以外のあらゆる点から，自分の音声表現をチェックされてしまう場合です。もともと声が小さく，文章を滑らかに読むことが苦手という子も大勢います。評価をする側が，相手の音声表現に対して，それでは聞いている人に伝わらないからと親切な気持ちで多くのことを指摘するほど，指摘されたほうは落ち込んでしまいます。また，一度に多くのことを修正するのはとても難しいことです。音声表現や文章表現をしていくのは，とてもエネルギーがいります。自分の表現は人に伝わらないという思いを子どもに抱かせては，表現するエネルギーはわいてきません。したがって，音読やスピーチに関する相互評価を行っていく場合には，単元や授業でできるようになってほしいことを絞って，誰でもできるポイントを二つか三つにすることが大切です。

　まず，子どもたちには，そのポイントに沿った工夫を考えさせます。そして，評価する友達に，ここをこうしたいということを伝えてから，評価してもらいます。練習時間を確保するため，チェックシートへの記述は少なくし，言葉で具体的にどこがどうだったか，そしてどうするといいか伝えるようにします。なお，チェックポイントを絞ることは，作文の相互評価をする際も同様です。

126

対話で深め広げるための指示

目の付けどころに沿って，チェックしよう。

名前	声の大きさ	速さ	間	ひとこと

【スピーチ　チェックシート】

結論を話す前に少し間を取ろう。伝わるかなあ……。

付けたい力以外で課題になるところは，次の機会にとっておきましょう。

原則5　推敲・精査する

考えの焦点化	推敲・精査するための発問

「今日の学習課題と見通しは何だった？」

育てたい深まりの姿	考えを見直す前に頭を整理する

何を目指してどうやって追究していたかを確認する

　個人追究の際にもった自分の考えは，ペア，グループ，学級全体での共同追究の中で刺激を受けていき，深まり，広がっていきます。けれども，友達との話し合いの中で深まり，広がった考えは，その状態ではきちんとしたものになってはいません。その考えは，改めてまとめていくことではっきりとしたものになっていきます。

　例えば，音読やスピーチなど，音声表現の練習を行った授業では，これまで学んだことを盛り込んでその授業の仕上げとしての表現を行うことで，表現力が定着していきます。

　そこで，自分の考えや表現を推敲・精査する時間が必要となるわけですが，その活動に入る前に，子どもたちと確認しておくことがあります。それは，本時の学習課題と見通し，つまり，「見方・考え方」は何だったかを自覚することです。

　子どもたちは1時間の授業の中で，様々な角度から刺激を受け，様々な思いを抱きます。学習課題に沿って考えを深めていく場合もあれば，学習課題とはそれたところに関心をもつ場合もあります。したがって，共同追究が終わった後に「自分の考えをもう一度まとめましょう」という指示を出すだけでは，学習課題に沿っていないところで自分の考えをまとめてしまう場合があります。一旦，学習課題と見通しを確認することで，学習課題に沿って考えの方向性が焦点化します。

推敲・精査するための発問

「いろいろな考えを聞いて面白かったな！」

「今日の学習課題と見通しは何だった？」

「！！ 何を目指していたのか，思い出したよ。」

盛り上がったときほど，スタートに戻りましょう。

原則5 推敲・精査する

| 考えの強化 | 推敲・精査するための指示 |

「根拠や理由を増やして 自分の考えをまとめよう」

| 育てたい深まりの姿 | 自分の主張の説得力を高める |

根拠・理由が多くなることで考えの確かさが増す

　考えの主張を支える根拠や理由が多いほど，その考えの説得力は増します。

　個人の中で考えているだけよりも，多くの人と考え合うほうが，根拠や理由の数は増えていきます。

　対話的な活動を行う中で，子どもは友達の様々な意見を聞きます。その中には，自分と言いたいことは同じだけれど，どこからそう考えたのかという根拠や，なぜそう考えたのかという理由が異なるものも多くあります。

　そこで，考えの推敲・精査を行う段階になったとき，自分の考えの根拠や理由を増やしてまとめるように指示します。

　このとき便利なのが，ナンバリングを使うということです。根拠や理由にナンバリングをすることで，一つ一つの根拠と理由のセットに対するまとまりの意識をもつことができますし，子どもたちのノートを読み，評価していく教師にとっても理解しやすいまとめとなります。

　例えば，「私は，ごんがうなずいたのはうれしかったからだと思う。それは次の理由からだ」と始めて，「一つ目は……」「二つ目は……」のようにまとめていくと，子どもたちは頭の中を整理してまとめていくことができます。

　対話的な活動を行うとき，友達の話をよく聞くことやまとめに取り入れたい考えがあったら，ノートに簡単にメモをすることを合わせて指導します。

推敲・精査するための指示

根拠や理由を増やして自分の考えをまとめよう。

一つ目,二つ目,……を使って分けて書いていこう！

こういうときは,ナンバリングが便利だったんだよな。

時間がないときは箇条書きで効率よくまとめましょう。

原則5　推敲・精査する

考えの強化　　　　　　　推敲・精査するための指示

「友達の考えを参考にして 自分の考えをつくろう」

育てたい深まりの姿　　自分の考えを確実にもつ

友達の言葉をモデルにする

　個人追究をしていくと，自分の考えがノートに全然書けなかったり，まとまり切らなかったりする子は必ずいます。物語の読み取りで考えがまとまらなかったり，俳句などをつくるときに完成できなかったりする子です。

　このような状態の子は，ペアやグループ，クラス全体での対話的活動を通して，自分の考えをつくっていきます。友達の発言を聞いているうちに，自分の考えが言葉として整理されてくるからです。

　考え方としてのモデルをつかみ，自分の考えをつくっていく子もいますし，友達の考えの内容をヒントにして，自分の考えをつくっていく子もいます。

　こういった子たちには，対話的な活動の後に，友達の考えを参考にして自分の考えをまとめていくことを指示します。

　このときに大切なのは，友達の考えで自分がいいなあと思ったこと，共感できるものはどんどん書いていいということを伝えることです。

　国語が苦手な子にとって，自分の考えを言葉として表現していくことは難しいことです。授業後半のこの時間で新たに言葉を考えさせていくのは，そういった子どもにとってとても苦しいことなのです。

　また，友達が表現した内容は，その子にとっての表現のモデルになり，少しずつ言葉に表す力もついていくものです。

　長い目で考え，考える力，表現する力を付けていきましょう。

132

推敲・精査するための指示

自分の考えが言葉で上手に表せないなあ……。

友達の考えを参考にして自分の考えをつくろう。

Aさんの考えはとてもいいと思ったから，参考にしよう。

この活動を続けると話を聞く力も付いてきます。

原則5　推敲・精査する

考えの拡充　　　推敲・精査するための指示

「友達と比べて，考えを新しくつくろう」

育てたい深まりの姿　　自分の考えを広げる

比べることで新たな考えが

個人追究のときの，子どもたちの対象への見方や考え方はそれほど多くはありません。自分の考えを筋道立てていくためには，まず個人追究の段階で根拠・理由・主張の関係が適切な考えをしていくことが必要になるからです。

個人追究のときにもった考えは，その後の対話的な活動で揺さぶられます。その中で，子どもたちは自分の考えの確かさをもう一度見直したり，友達の考えのよさに気付いていったりします。このような流れの中で，子どもたちの内面には新しい考えが生まれたり，出会った考えと比較したうえで，自分の考えを改めてしっかりさせていったりします。

友達の考えと比べて自分の考えをつくる際には，次の二つの言葉から始めていくとつくりやすくなります。一つは「やっぱり……」から始めることです。これは，最初の考えの方向でまとめの考えをつくる際に使います。「やっぱり……」で考えを書いた後，その理由も付けます。そうすることで，友達の考えと比べたうえで，なぜ最初の考えの方向になったのかということがはっきりします。二つは，「はじめ私は……」から始めることです。これは，友達の考えを聞いて，最初の考えとは大きく変化したときに使います。このときも理由付けをします。自分がどんな方向で考えを固めたにせよ，友達の意見を聞き，比べることで，確実に考えの幅は広がります。

134

推敲・精査するための指示

友達と比べて，考えを新しくつくろう。

原則5　推敲・精査する

はじめ，ぼくはごんは悲しいと思っていたけど，うれしかったに変わりました。理由は，Aさんの意見を聞いて……。

やっぱり，私はごんはうれしかったという意見に変わりありません。なぜなら，……。

結論の変化はなくても意見を比べることが大切です。

原則6　三つのポイントで振り返る

振り返り　　　　　　深い学びの自覚につなげるための発問

「今日できるようになったこと，分かったことは何ですか？」

育てたい深まりの姿　　できるようになった，分かった内容を自覚する

追究内容に応じた二つの問い方を

　まず，【原則6】に関しては，教師側の指示の言葉として書いてありますが，実際にはそのほとんどは，隣の席の子同士で問い合うものとして捉えてください。

　国語の授業で学習する内容には，大きく分けて二つあります。一つは，物語を読み取ったり，説明文を読み取ったりするような「内容を理解する」ものです。もう一つは，スピーチをつくったり，報告文を書いたりするような「内容を表現する」ものです。

　したがって，追究した内容を振り返るときの切り口は，二つの学習内容によって異なります。

　「つぐないを行っていた『ごん』の気持ちの変化を読み取ろう」といった「内容を理解する」ことを目的とした授業では，「今日，分かったことは何ですか」と問い，「つぐないをする『ごん』の気持ちの変化が分かりました」と答えることになります。「気になった記号の役割や工夫をクラスの人に報告する文章を書こう」といった「内容を表現する」ことを目的とした授業では，「今日，できるようになったことは何ですか」と問い，「報告文が書けるようになりました」と答えることになります。

　ただし，高学年の子どもは表現と理解の追究内容の違いを区別できますが，低学年では区別することはなかなか難しいです。低学年では，「今日，分かったことは何ですか」で統一して振り返ってよいでしょう。

136

深い学びのための発問

今日，分かったことは何ですか？

つぐないをする『ごん』の気持ちの変化が分かりました。

今日，できるようになったことは何ですか？

報告文が書けるようになりました。

学習課題に戻って答えさせるようにしましょう。

原則6　三つのポイントで振り返る

原則6　三つのポイントで振り返る

見方・考え方の定着　　　深い学びの自覚につなげるための発問

「どう考えたらできるように
なりましたか, 分かりましたか?」

育てたい深まりの姿　　課題解決に使った見方・考え方を自覚する

授業展開ではなく, 「見方・考え方」を振り返る

　学習課題をどうやって解決していったかを振り返ると, 二つの道筋が思い浮かびます。一つはどんな見方, どんな考え方で解決したかという考え方の道筋, もう一つははじめに個人で考えて, 次に友達同士で話し合って, 最後にまとめてといった活動の道筋です。

　学習課題をどうやって解決していったかを, 「見方・考え方」を身に付けるために振り返るとき, 大事なのは考え方の道筋を振り返ることです。活動の道筋は多くの授業で共通しているため, 特にこの授業で身に付けるべきものではなく, 活動の道筋を振り返っても「見方・考え方」は身に付かないからです。

　したがって, 子ども同士で「どうやったら分かりましたか」と聞いたときに, 「みんなで話し合ったら分かりました」といったやりとりが行われている場合, 子どもたちは何を振り返るべきか理解できていないということになるので, 改めてやり方を指導する必要があります。

　本書で提案する授業の原則では, 学習課題設定の後, 「見方・考え方」の見通しをもつようになっています。子どもたちが振り返るところはそこです。その際, どんな「見方・考え方」を働かせて追究していったのかが板書されて残っていることが大切です。

　板書してあるものを見ながらでよいので, 改めてどんな「見方・考え方」をもったかを確認し, お互いに伝え合うようにします。

138

深い学びのための発問

> ごんがつぐないのために持っていったものに目を付けて比べてみましょう

どう考えたらできるようになりましたか？

「うなぎ」と「くりや松たけ」に目を付けて，取り方や，持って行き方を比べたら分かりました。

見方・考え方は端的に板書しておきましょう。

原則6　三つのポイントで振り返る

知識・技能の育成　　深い学びの自覚につなげるための指示

「分かったことを詳しく言ってください」

育てたい深まりの姿　推敲・精査した内容を確かめる

本時到達した姿を知り合う

　ペアの振り返りの際，「何ができるようになりましたか」や「何が分かりましたか」と尋ねられたときに，答えるほうは，学習課題に戻って答えます。したがって，授業中ぼんやりしていても，板書してある学習課題を見れば答えることができてしまいます。

　そうなることを防ぐとともに，【原則5】で示した「推敲・精査」した結果を共有する，つまり本時で追究し，自分が到達した考えを知り合うために，「分かったことを詳しく言ってください」と問い，答え合う活動を入れると，深く学ぶことができるようになります。

　やり方は，「今日分かったことは何ですか」と聞き，相手からの答えがあった後にこの問いを入れ，分かったことを詳しく言ってもらってから，「どう考えたらできましたか」と問います。

　なお，この問いを行うのは，内容理解を中心とした授業が適しています。「気になった記号の役割や工夫を，クラスの人に報告する文章を書こう」ということを目的とした授業では，書いた内容は個々によってバラバラですので，文章の内容を終末に聞き合ってもそれを互いに共有することにはつながりにくいものです。

　一方で，「つぐないを行っていた『ごん』の気持ちの変化を読み取ろう」ということを目的とした授業の場合，子どもたちはおおむね一つの答えに向けて集まっていきますので，お互いの考えを理解し合うことができます。

140

深い学びのための指示

今日，分かったことは何ですか？

〜〜が分かりました。

分かったことを詳しく言ってください。

ごんは，はじめは人のものを取って自分のつぐないに使っていたけれど……。

推敲・精査した成果をお互いに聞き合いましょう。

原則6　三つのポイントで振り返る

| 学びの協働 | 深い学びの自覚につなげるための発問 |

「誰のどんな言葉が参考に　なりましたか？」

| 育てたい深まりの姿 | 対話的活動の価値を実感する |

友達の言葉を振り返ることで「見方・考え方」が広がる

　授業は多くの仲間とともに学び，自分の考えは仲間の考えを聞くことでより深められていきます。また，自分の考えも仲間の学びを深めていきます。

　お互いが関わり合い，よさを感じ合うことの実感を積み重ねていくことで，子どもたちは仲間とともに学ぶことの価値を実感します。また，友達の大切さを実感します。すると，クラスの雰囲気もお互いを大切にし合う温かなものになっていきます。このように，お互いの学びのよさを伝え合うことは，より安心できる学級をつくるために効果的なのですが，国語の力を育てていくためにも，お互いの学びのよさを振り返ることは効果的です。いいなあと思った考えを振り返ってみることで，友達の発言の中にあった，自分が気付かなかった見方や考え方ともう一度出会うことができます。「見方・考え方」のよさを意識することで，今度は自分も使ってみようかなという気持ちになり，自分の「見方・考え方」の幅が広がっていくのです。

　やりとりの順番は，「何ができるようになったか」，「どう考えたらできたか」を聞いた後です。注意点が一つあります。「友達のよかったところは何ですか」という尋ね方をすると，「〇〇さんがたくさん手を挙げていてよかったです」という態度面の反応になる場合が多いです。「誰のどんな言葉」かをきちんと言えるようにします。そうすると，授業中も注意深く友達の言葉を聞き合えるようになります。

深い学びのための発問

~~Aさんがたくさん手を挙げていてよかったです。~~

 誰のどんな言葉が参考になりましたか？

Aさんの「ごんはうれしかったんじゃないの」という言葉になるほどと思いました。

原則6 三つのポイントで振り返る

お互いの学びのよさを共有し合いましょう。

原則7 活用のために呼びかけを繰り返す

主体的に学習に取り組む態度を育てる　活用に向けた主体性につなげるための発問

「今日勉強した考え方，また使ってみたい？」

育てたい活用に向けた主体的な姿　働かせた見方・考え方の価値を感じる

方法のよさは内容が充実したからこそ

　子どもたちはペアでの振り返りで，授業でできるようになったこと・分かったことと，働かせた「見方・考え方」を確認します。けれどもこれだけでは，「見方・考え方」を実の場で使っていくことにはつながりません。

　改めて「見方・考え方」の価値を感じ，活用に向けた意識をもつことが必要です。そのためにまず，授業で使った「見方・考え方」を再び使いたいか尋ねます。子どもたちは，その問いかけにより，授業で使った「見方・考え方」のよさを自問することでしょう。

　このとき子どもたちから「使いたーい！」という元気な返事が返ってくるために最も必要なことは，この授業の学習課題を必要感のあるものにすることです。「兵十に気付いてもらったごんの気持ちをクラスみんなで考えたい！」など，解決したい，できるようになりたいという気持ちが強いほど，達成できた満足感の高さや，そのための方法のよさの実感につながります。

　発問に当たっては，注意すべきことがあります。「見方・考え方」を使いたいか尋ねるのは，できるようになったこと・分かったことのよさを確認した後に行うということです。そうしないと目的と手段が逆転してしまいます。例えば，「今日の勉強で，みんなで考え合って，ごんは兵十に気付いてもらったとき，うれしい気持ちと切ない気持ちがあったことが分かったね」など，目的に対応した言葉がけをしたうえで，「見方・考え方」の話題に入ることで，子どもの意識は自然に「見方・考え方」のよさに向かうのです。

144

活用に向かうための発問

必要感のある学習課題

できるようになったこと・
分かったことの確認

今日勉強した考え方，
また使ってみたい？

使いたーい！

原則7　活用のために呼びかけを繰り返す

授業の目的は内容の追究ということを念頭に置き，問いましょう。

原則7　活用のために呼びかけを繰り返す

活用の意識づけ	活用に向けた主体性につなげるための指示

「図書館で借りた本を読むときに，勉強した読み方を使ってみよう」

育てたい活用に向けた主体的な姿	働かせた見方・考え方を実生活で使う

早速やってみることが活用への近道

　子どもたちは，課題を解決するために使った効果的な考え方を，実生活や次に学ぶ同じ領域の単元などで使ってみたいと考えます。

　しかし，次に物語文の学習をするのが3ヶ月先であった場合，その頃には今日の授業で働かせた「見方・考え方」をすっかり忘れていることもあるでしょう。これでは，「見方・考え方」は身に付きません。算数では，勉強した考え方を宿題でたくさん使っていくうちに身に付けていくというように，勉強した「見方・考え方」はできるだけ時間を空けずに使っていくことが大切です。そうすることで，授業で働かせた「見方・考え方」はしっかりと身に付きます。また，「見方・考え方」を実生活で活用していき，身近な課題をよりよく解決していくことにもつながります。その結果，身に付いた「見方・考え方」が増えていき，それらを組み合わせていくことで，授業内外での課題解決能力もさらに高まっていきます。

　教師が子どもに活用への意識付けを促す際には，このように「すぐに使ってみることのできる場は何か」ということを頭に置き，それを示すことが必要です。物語の読み取りを学習したときであれば，図書館で今借りている本を読むときに身に付いた「見方・考え方」を使うことを促すとか，文章を書くことを学習したときであれば，日記を書くときに使うことを促すとか，すぐに使えそうなときはいつか考えて，子どもたちに示しましょう。

活用に向かうための指示

図書館で借りた本を読むときに，勉強した読み方を使ってみよう。

原則7　活用のために呼びかけを繰り返す

この読み方，使えそうです！

うちに帰ったらやってみよう！

実生活で使って役に立つ経験を
たくさんできるようにしましょう。

参考資料　平成29年版学習指導要領の指導事項と見方・考え方の関係（試案）

〔知識及び技能〕

(1)言葉の特徴や使い方に関する事項

	第1学年及び第2学年	第3学年及び第4学年	第5学年及び第6学年
言葉の働き	ア言葉には、事物の内容を表す働きや、経験したことを伝える働きがあることに気付くこと。	ア言葉には、考えたことや思ったことを表す働きがあることに気付くこと。	ア言葉には、相手とのつながりをつくる働きがあることに気付くこと。
見方			挨拶などの日常会話
考え方			
語彙	オ身近なことを表す語句の量を増し、話や文章の中で使うとともに、言葉には意味による語句のまとまりがあることに気付き、語彙を豊かにすること。	オ様子や行動、気持ちや性格を表す語句の量を増し、話や文章の中で使うとともに、言葉には性質や役割による語句のまとまりがあることを理解し、語彙を豊かにすること。	オ思考に関わる語句の量を増し、話や文章の中で使うとともに、語句と語句との関係、語句の構成や変化について理解し、語彙を豊かにすること。また、語感や言葉の使い方に対する感覚を意識して、語や語句を使うこと。
見方	日常生活や学校生活で用いる言葉　周りの人について話す言葉　事物や体験したことを表す言葉　同義語、類義語、対義語　動物や果物の名前を表す言葉　色や形を表す言葉	事柄や人物などの様子や特徴を表す語句　人物などの行動や気持ち、性格を表す語句　物の名前を表す語句動きを表す語句　様子を表す語句主語になる語句　述語になる語句修飾する語句	・「しかし」のように情報と情報の関係を表す語句・情報全体の中で情報がどのような位置づけにあるのかを示すものに関わる語句　・「考える」「だろう」のように思考そのものにかかわる語句　類義語・対義語　上位語・下位語　接頭語・接尾語　複合語　略語　慣用語言葉の正しさ、適切さ、美しさ、柔らかさ、リズム優れた表現
考え方			複数の情報を比べる（-は〜より）原因と結果の関係（-がーすると、-になった原因を考えてみる）
文や文章	カ文の中における主語と述語との関係に気付くこと。	カ主語と述語との関係、修飾と被修飾との関係、指示する語句と接続する語句の役割、段落の役割について理解すること。	カ文の中での語句の係り方や語順、文と文との接続の関係、話や文章の構成や展開、話や文章の種類とその特徴について理解すること。
見方		修飾と被修飾の関係　指示する語句　接続する語句　段落相互の関係	主語と述語　修飾と被修飾　書き出しや文末表現　接続語　語句の係り方　語順　書き出しや文末の言い回し　始め一中一終わり　序論一本論一結論　頭括型　尾括型　双括型　紹介　提案　推薦　案内　解説　物語
考え方			
表現の技法			ク比喩や反復などの表現の工夫に気付くこと。
見方			直喩　隠喩　反復　倒置
考え方			

(2)情報の扱い方に関する事項

情報と情報との関係	ア共通、相違、事柄の順序など情報と情報との関係について理解すること。	ア考えとそれを支える理由や事例、全体と中心など情報と情報との関係について理解すること。	ア原因と結果など情報と情報との関係について理解すること。
見方	時間、作業手順、重要度、優先度	理由（なぜそのような考えになるかを説明するもの）、事例（考えの妥当性を示す客観的な事実や具体例）、中心（話や文章の中心的な部分）	
考え方			原因と結果の関係を見いだす。
情報の整理		イ比較や分類の仕方、必要な語句などの書き留め方、引用の仕方や出典の示し方、辞書や事典の使い方を理解し使うこと。	イ情報と情報との関係付けの仕方、図などによる語句と語句との関係の表し方を理解し使うこと。
見方		目的を意識必要な情報は何かを念頭に置く	
考え方		比較・分類	複雑な事柄を分解する。多様な内容や別々の要素をまとめる。類似する点を基にして他のことを類推する。一定の決まりを基に順序立てて系統化する。複数の語句を丸や四角で囲む語句と語句を線でつなぐ。

〔思考力・判断力・表現力等〕

A話すこと・聞くこと

話題設定・情報収集・内容の検討	ア身近なことや経験したことなどから話題を決め、伝え合うために必要な事柄を選ぶこと。	ア目的を意識して、日常生活の中から話題を決め、集めた材料を比較したり分類したりして、伝え合うために必要な事柄を選ぶこと。	ア目的や意図に応じて、日常生活の中から話題を決め、集めた材料を分類したり関係付けたりして、伝え合う内容を検討すること。
見方	学校や家庭、地域における身近な出来事、経験したこと　児童の興味や関心の度合い、伝えたい思いの強さ　写真や具体物　対象物の特徴	学校や家庭、地域　児童が興味や関心をもっていること	自分の目的や意図に応じる。　聞き手の求めていることに応じる。　目的に加え、場面や状況を考慮する。
考え方		集めた材料を、共通点や相違点に着目しながら比べたり共通する性質に基づいて分けたりする。	集めた材料を話す目的や意図に応じて内容ごとにまとめる。　互いに結び付けて関係を明確にする材料を複数のまとまりに分ける。　異なる内容の材料を総合する。

148

構成の検討，考えの形成	イ相手に伝わるように，行動したことや経験したことに基づいて，話す事柄の順序を考えること。	イ相手に伝わるように，理由や事例などを挙げながら，話の中心が明確になるよう話の構成を考えること。	イ話の内容が明確になるように，事実と感想，意見とを区別するなど，話の構成を考えること。
見方	行動や経験の時間的順序 物事や対象を説明したり紹介したりする際の事柄の順序 「始め‐中‐終わり」といった話の構成に関わる順序		接続語 文末表現 語の種類や特徴
考え方		冒頭で話の中心を述べ，そのことに合わせた理由や事例などを挙げる最初に提示した内容と結論がずれないようにする。	
表現，共有	ウ伝えたい事柄や相手に応じて，声の大きさや速さなどを工夫すること。	ウ話の中心や話す場面を意識して，言葉の抑揚や強弱，間の取り方などを工夫すること。	ウ資料を活用するなどして，自分の考えが伝わるように表現を工夫すること。
見方	聞き手の人数や聞き手との距離 聞き手に届く音量 音声が明確に聞こえる速さ	相手との親疎や人数 目的や場の状況	視線　指示の仕方 必要な文言や数値の引用 実物，画像，映像　図解 重要な語句の定義付け 内容，相手，状況 内容と資料との整合 適切な時間や機会での資料の提示 資料の順番資料を提示しながら話す仕方 うなずき，表情
考え方			
構造と内容の把握	エ話し手が知らせたいことや自分が聞きたいことを落とさないように集中して聞き，話の内容を捉えて感想をもつこと。	エ必要なことを記録したり質問したりしながら聞き，話し手が伝えたいことや自分が聞きたいことの中心を捉え，自分の考えをもつこと。	エ話し手の目的や自分が聞こうとする意図に応じて，話の内容を捉え，話し手の考えと比較しながら，自分の考えをまとめること。
見方	事柄の順序，聞きたいことを明確にする。	事柄の順序　話の組み立て方　目的	目的。 伝えたいこと。 共に考えたいこと。 どのような情報を求めているか。 聞いた内容をどのように生かそうとしているのか。
考え方	体験と結びつける。	予想 自分が知っていることと比べる。	自分の考えと比較して，共通点と相違点を整理する。 共感したり，納得した事例を取り上げる。
話合いの進め方の検討，考えの形成，共有	オ互いの話に関心をもち，相手の発言を受けて話をつなぐこと。	オ目的や進め方を確認し，司会などの役割を果たしながら話し合い，互いの意見の共通点や相違点に着目して，考えをまとめること。	オ互いの立場や意図を明確にしながら計画的に話し合い，考えを広げたりまとめたりすること。
見方	質問，復唱，共感，感想	目的 到達点 話し合いの進め方 話題を意識 話し合いの流れを踏まえる 共通点，相違点に着目	話題に対してどのような考えをもっているか。相手や目的，状況　話合いの方法。話合いの内容，順序，時間配分。話合いの目的や方向性。様々な視点。共通点や相違点。利点や問題。
考え方		互いの意見を比較 どのようなことに基づいているのかに目を向ける。	理由を尋ね合う。 異なる意見を自分の考えに生かす（―という意見もあったが）。

B書くこと

題材の設定	ア経験したことや想像したことなどから書くことを見付け，必要な事柄を集めたり確かめたりして，伝えたいことを明確にすること。	ア相手や目的を意識して，経験したことや想像したことなどから書くことを選び，集めた材料を比較したり分類したりして，伝えたいことを明確にすること。	ア目的や意図に応じて，感じたことや考えたことなどから書くことを選び，集めた材料を分類したり関係付けたりして，伝えたいことを明確にすること。
見方	自分が行ったことや見聞きした身の回りの出来事。様々な事物や出来事などを基に，想像を膨らませて考えたこと。	相手や目的を念頭に 共通点や相違点に着目 共通する性質	目的・意図 場面・状況 家庭や地域，学校生活での学習 相手 賛成，反対
考え方		（共通点や相違点に着目して）比べる （共通した性質に基づいて）分ける	分類，関係付け。内容ごとにまとめる。互いに結び付けて関係を明確にする。主張の理由，事例として適切なものを選ぶ。優先順位を考えて並べる。賛成の立場から集めた材料と反対の立場から集めた材料とに分類。
構成の検討	イ自分の思いや考えが明確になるように，事柄の順序に沿って簡単な構成を考えること。	イ書く内容の中心を明確にし，内容のまとまりで段落をつくったり，段落相互の関係に注意したりして，文章の構成を考えること。	イ筋道の通った文章となるように，文章全体の構成や展開を考えること。
見方	経験した順序 物を作ったり作業したりする手順 事物や対象を説明する際の具体的内容の順序 文章の冒頭で内容を大まかに説明 始め‐中‐終わり	考えとそれを支える理由 考えとそれを具体的に述べる事例 列挙された事例同士の関係 冒頭部‐展開部‐終結部	事柄の順序 書く内容の中心を明確に 序論‐本論‐結論 頭括型　尾括型　双括型 書き出しに読み手の関心を喚起する事例 書き出しで全体の概略 終結部に全体のまとめ
考え方			考えと理由や事例 原因と結果 疑問と解決

考えの形成	ウ語と語や文と文との続き方に注意しながら，内容のまとまりが分かるように書き表し方を工夫すること。	ウ自分の考えとそれを支える理由や事例との関係を明確にして，書き表し方を工夫すること。	ウ目的や意図に応じて簡単に書いたり詳しく書いたりするとともに，事実と感想，意見とを区別して書いたりするなど，自分の考えが伝わるように書き表し方を工夫すること。エ引用したり，図表やグラフなどを用いたりして，自分の考えが伝わるように書き表し方を工夫すること。
見方	前後の語句や文のつながり。離れたところにある語と語や文と文とのつながり。時間や事柄の順序を表す語を適切に用いる内容のまとまりが明確になっているか。	理由を明確にする表現。「例えば」「事例を挙げると」「〜などに当たる」などの表現。	目的や意図 文末表現
考え方			
推敲	エ文章を読み返す習慣を付けるとともに，間違いを正したり，語と語や文と文との続き方を確かめたりすること。	エ間違いを正したり，相手や目的を意識した表現になっているかを確かめたりして，文や文章を整えること。	オ文章全体の構成や書き表し方などに着目して，文や文章を整えること。
見方	設定した題材 事柄の順序 語と語や文と文との続き方	相手や目的を意識 主語と述語 修飾語と被修飾語 助詞 肯定・推量・疑問などの文末表現 相手の立場や年齢 相手との関係 相手のもっている知識や関心 書く目的に応じた文末表現	内容と表現の一貫性 目的や意図に照らした適切な構成や記述 事実と感想，意見の区別 図表やグラフの用い方
考え方		下書きと推敲後を比べる。	
共有	オ文章に対する感想を伝え合い，自分の文章の内容と表現のよいところを見付けること。	オ書こうとしたことが明確になっているかなど，文章に対する感想や意見を伝え合い，自分の文章のよいところを見付けること。	カ文章全体の構成や展開が明確になっているかなど，文章に対する感想や意見を伝え合い，自分の文章のよいところを見付けること。
見方	順序の分かりやすさ 語と語や文と文との続き方	学習過程の各段階のメモ 相手に対して配慮したこと 記述の仕方 そのような考えに至ったきっかけ	構成や展開が明確になっているか。目的や意図に応じた文章の構成や展開になっているか。
考え方			

C読むこと

構造と内容の把握（説明的な文章）	ア時間的な順序や事柄の順序などを考えながら，内容の大体を捉えること。	ア段落相互の関係に着目しながら，考えとそれを支える理由や事例との関係などについて，叙述を基に捉えること。	ア事実と感想，意見などとの関係を叙述を基に押さえ，文章全体の構成を捉えて要旨を把握すること。
見方	時間の経過に基づいた順序。事物の作り方，手順など文章の内容に関わる順序。文章表現上の順序。文章の冒頭において，全体の内容を大まかに説明している。…説明の順序。題名 見出し 写真	考えとその事例 結論とその理由	事実と感想，意見などとの関係 文章全体の構成 書き手がどのような事実を理由や事例として挙げているか。どのような感想や意見をもっているか。
考え方			
構造と内容の把握（文学的な文章）	イ場面の様子や登場人物の行動など，内容の大体を捉えること。	イ登場人物の行動や気持ちについて，叙述を基に捉えること。	イ登場人物の相互関係や心情などについて，描写を基に捉えること。
見方	場面の様子 登場人物の行動 会話 題名 挿絵	行動 会話 地の文	直接的な描写 登場人物相互の関係に基づいた行動や会話，情景
考え方	予想		
精査・解釈（説明的な文章）	ウ文章の中の重要な語や文を考えて選び出すこと。	ウ目的を意識して，中心となる語や文を見付けて要約すること。	ウ目的に応じて，文章と図表などを結び付けるなどして必要な情報を見付けたり，論の進め方について考えたりすること。
見方	時間や事柄の順序に関わって文章の中で重要になる語や文 読み手として必要な情報を適切に見付ける上で重要になる語や文 目的に照らして重要だと考えられる語や文	目的を意識して内容の中心となる語や文を選ぶ。要約の分量	書き手の述べたいことを知るため 読み手の知りたいことを調べるため 知的欲求を満たすため
考え方			図表などと文章のどの部分と結び付けるのかを明らかにする。
精査・解釈（文学的な文章）	エ場面の様子に着目して，登場人物の行動を具体的に想像すること。	エ登場人物の気持ちの変化や性格，情景について，場面の移り変わりと結び付けて具体的に想像すること。	エ人物像や物語などの全体像を具体的に想像したり，表現の効果を考えたりすること。
見方	時間 場所 周囲の風景 登場人物の様子 表情 口調 様子	登場人物の境遇や状況	行動や会話，様子などを表している複数の叙述 登場人物や場面設定，個々の叙述 感動やユーモアなどを生み出す優れた叙述 暗示性の高い表現 メッセージや題材を強く意識させる表現
考え方	物語の中のどの場面のどのような様子と結びつけて読むか明らかにする。	複数の場面の叙述を相互に関連付ける 複数の叙述を関連付ける（情景について）登場人物の気持ちと併せて考える	（行動や会話，様子などを表している）複数の叙述の関連付け
考えの形成	オ文章の内容と自分の体験とを結び付けて，感想をもつこと。	オ文章を読んで理解したことに基づいて，感想や考えをもつこと。	オ文章を読んで理解したことに基づいて，自分の考えをまとめること。
見方			
考え方	知識や実際の経験と結び付ける。	体験や既知の内容と結び付ける。	文章を読んで理解したことについて，既有の知識や理解した内容と結び付ける。
共有	カ文章を読んで感じたことや分かったことを共有すること。	カ文章を読んで感じたことや考えたことを共有し，一人一人の感じ方などに違いがあることに気付くこと。	カ文章を読んでまとめた意見や感想を共有し，自分の考えを広げること。
見方			
考え方		一人ひとりの感じ方の違い	

おわりに

　教師になったばかりの頃，45分間，授業をもたせることが精一杯でした。次々に発問したり，ひたすら音読したり，延々と解説したり……。子どもたちにとって価値を感じる授業ではなかったと思います。そこで，1時間の授業のねらいを明確に設定し，力を付ける授業をしよう，と考えました。すると，ここまで到達させたいという思いが先行し，さらに説明の多い授業になってしまい，子どもにとって楽しい授業にはなりませんでした。

　子どもの活動を中心に進めよう，今度はそう思い，話し合いをたくさん入れたり，活動の流れに関連性をもたせたりして授業を組み立てました。すると，子どもたちは生き生きとして活動しました。

　けれども，そこでふと考えました。それは，たとえば「今日の授業で，ごんの気持ちをよく想像したけれど，この子たちが一人になったとき，こんなふうに読めるのかな」という授業で課題解決力を付けたのかということへの疑問です。その答えに対する示唆は2人の先生方から得ることができました。一つは筑波大学附属小学校の二瓶弘行先生の授業からでした。二瓶先生の授業は子どもに課題解決のための観点をもたせ，それを利用，活用し解決していくというものでした。二つは内地留学時代にお世話になった信州大学の藤森裕治先生のご指導からでした。藤森先生からは，論理的思考とは何か，発達段階による思考の特性などについて幅広く教えていただきました。

　このような学びの中で，ねらいを達成するために視点と考え方を使って追究していく授業づくりに取り組んできました。すると，国語に苦手意識をもっていた子たちも授業に積極的に参加し，学力テストでの得点も上がるようになってきました。何より授業をするのが苦しくなくなってきたのです。

　私が感じた苦しさを感じている先生は多くいらっしゃると思います。本書がそのような先生方の一助になれば幸いです。末筆になりますが，上梓にあたりご尽力くださった明治図書編集部　林　知里様に心よりお礼申し上げます。

小林康宏

【著者紹介】
小林　康宏（こばやし　やすひろ）

長野県生まれ。横浜国立大学大学院修了後、長野県内の公立小中学校に勤務。元長野県教育委員会指導主事。日本国語教育学会会員。全国大学国語教育学会会員。夢の国語授業研究会幹事。東京書籍小学校国語教科書「新しい国語」編集委員。

【主な著作】
『板書&イラストでよくわかる365日の全授業　小学校国語５年上下』『基幹学力をつくる音声言語活動』『今日から使える！小学校国語授業づくりの技事典』（以上、明治図書）、『子どもがどんどんやる気になる国語づくりの極意　１時間授業編／学級づくり編／国語授業編』『豊かな言語活動が拓く国語単元学習の創造〈Ⅳ〉中学校編』『クラスすべての子どもに「読む・書く・考える力」をともに育む国語授業５』（以上、東洋館出版社）、『図解すぐに身につく・学力が高まる　小学校国語　学習スキル101の方法』（教育出版）、『教育科学国語教育』『授業力&学級経営力』（いずれも明治図書）への雑誌連載（2016年度）他多数。

［本文イラスト］木村美穂

国語科授業サポートBOOKS
「言葉による見方・考え方」を育てる！
子どもに確かな力がつく
授業づくり７の原則×発問&指示

2018年3月初版第1刷刊	©著　者	小　　林　　康　　宏
	発行者	藤　　原　　光　　政
	発行所	明治図書出版株式会社

http://www.meijitosho.co.jp
（企画）林　知里（校正）井草正孝
〒114-0023　東京都北区滝野川7-46-1
振替00160-5-151318　電話03(5907)6703
ご注文窓口　電話03(5907)6668

＊検印省略　　組版所　中　央　美　版

本書の無断コピーは、著作権・出版権にふれます。ご注意ください。

Printed in Japan　　ISBN978-4-18-127511-2
もれなくクーポンがもらえる！読者アンケートはこちらから →